RICK
LOKI
BARK
WOLF
AURORA
LIZ
STJOPA
FRANCIS
LOCKE
PHILIPP
HAMLET
KOLBASA
AKIRA
ALFIE
SONJA
MASCHA
WORCESTER

FÜR ALJOSCHA

und alle anderen

Riesendank an meine fantastischen Hunde-Models:
Pina, Bruce, Reina, Ascha, Jimmy, Baikal,
Alma, Jake, Wetruscha, Shu, Hanna, Jenny,
Batman, Dana, Atlanta, Justa, Zeev,
Dashiell, Soja, Marty, Livio, Loki, Din-Din,
Najda, Pertschik, Miroslaw, Milka, Iris,
Ljalja, Schana, Dominik, Teddy, Pixel, Nila,
Heathcliff, Tosia, Patrick, Hummel, Sava, Kasia,
Mascha, Grom, Bona, Terry, Sunita, Merci,
Archer, Florida, Luscha, Yuki, Akela, Jasper,
Alfie, Hamlet, Akira, Worcester, Philipp, Francis,
Aurora, Fliege, Loki und ihren Frauchen und Herrchen,
die mir Fotos geschickt haben!

Einen extragroßen Dank an Alexander K., der sich mit mir (oder ehrlich gesagt ganz allein) durch Hunderte Briefe und Tausende Hundefotos gewühlt hat. Ohne ihn hätte ich das nicht geschafft!

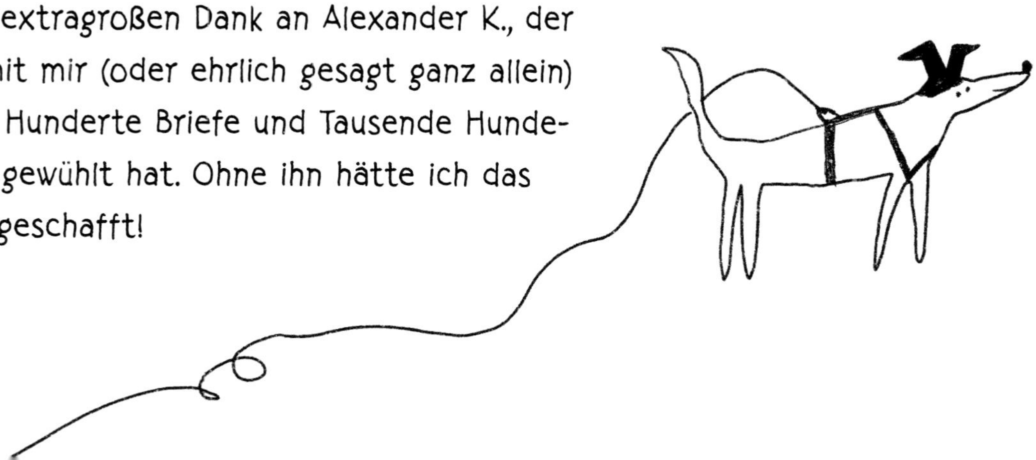

ELENA BULAY

Dein Hund und du

GERSTENBERG

HALLO!

ICH HEIßE LENA

Eigentlich bin ich keine Hundespezialistin, sondern Illustratorin, aber meine Hündin Jo liebe ich über alles. Als sie zu mir kam, wusste ich praktisch nichts über Hunde und machte eine Menge Fehler. Dieses Buch soll dir helfen, Hunde besser zu verstehen, mit ihnen zu kommunizieren und dich um sie zu kümmern.

UND DAS IST JO

Lieblingshund und beste Freundin

Inhalt

Jede Menge bunte Hunde

Was es nicht alles für Hunde gibt! Kurzbeinige und langbeinige. Mit Schlappohren, Stehohren, Segelohren und Elefantenohren. Mit Wuschelpelz oder völlig nackt. Weiße, schwarze, braune, rotbraune, goldene oder gepunktete, man kann sie nicht alle aufzählen.

Weißt du, wie die Hunderassen auf dieser Seite heißen?

Welche kennst du noch?

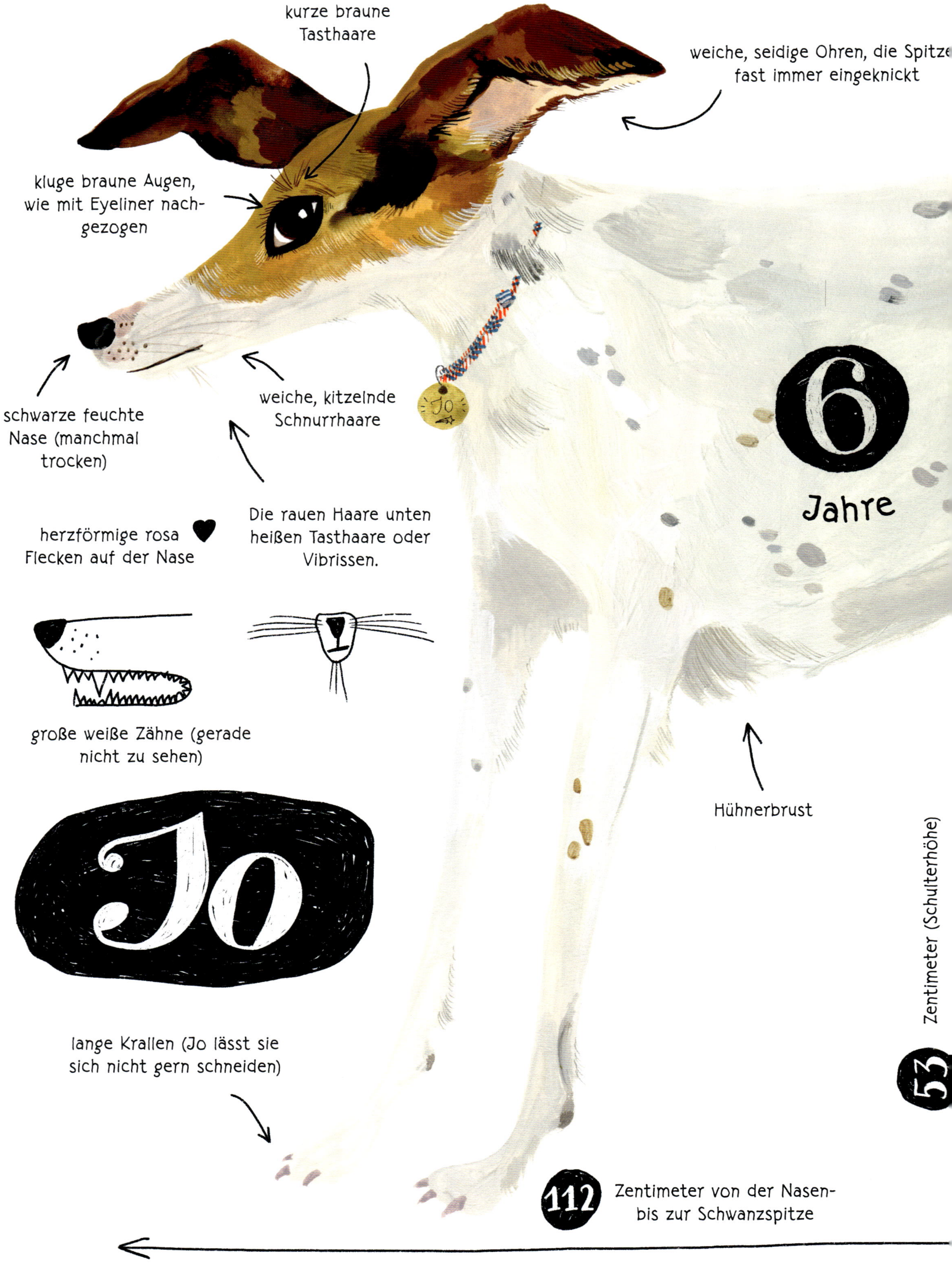
kurze braune Tasthaare
weiche, seidige Ohren, die Spitze fast immer eingeknickt
kluge braune Augen, wie mit Eyeliner nach-gezogen
Jo
6
Jahre
schwarze feuchte Nase (manchmal trocken)
weiche, kitzelnde Schnurrhaare
herzförmige rosa Flecken auf der Nase
Die rauen Haare unten heißen Tasthaare oder Vibrissen.
große weiße Zähne (gerade nicht zu sehen)
Jo
Hühnerbrust
53 Zentimeter (Schulterhöhe)
lange Krallen (Jo lässt sie sich nicht gern schneiden)
112 Zentimeter von der Nasen- bis zur Schwanzspitze

MEIN HUND IST DER BESTE!

Jo ist sechs Jahre alt. Ihre Eltern kenne ich nicht, aber Jo ist ein kluger und schöner Hund. Und ziemlich groß, sie reicht mir bis zum Knie und wiegt mehr als 20 Kilo.

Als Jo zu mir kam, war sie sechs Monate alt und schneeweiß mit schwarzbraunen Ohren. Später war es, als würden die schwarzen und braunen Flecken von den Ohren auf Rücken und Pfoten hüpfen. Es werden immer mehr. Sie wird sich am Ende noch von einem weißen in einen schwarzen Hund verwandeln!

Woher die Hunde kommen

Zu den ältesten Hunderassen der Welt gehört der Basenji. Die Rasse entstand vor 3000 bis 4000 Jahren in Zentralafrika und war, wie alte Wandbilder beweisen, im Alten Ägypten sehr beliebt. Ihr Bellen klingt eher wie Singen, da sie besondere Kehllaute ausstoßen.

Schon seit vielen Tausend Jahren leben Hunde mit Menschen zusammen. Sie stammen von Wölfen ab. Aber obwohl alle einen gemeinsamen Vorfahren haben, unterscheiden sie sich stark: 359 Hunderassen gibt es offiziell, Mischlinge nicht mitgezählt. Einige Rassen sind sehr alt, und bis heute kommen neue dazu. Es gibt Jagdhunde, Wachhunde, Schlittenhunde, Hütehunde, sogenannte Kampfhunde, Zier- und Begleithunde. Jede Rasse hat ihre eigenen Qualitäten: Einige haben Schwimmhäute an den Pfoten, andere sind superschnell, wieder andere besonders gutmütig.

Wenn deine Familie einen reinrassigen Hund haben möchte, müsst ihr einen guten Züchter finden. Den erkennt man daran, dass er auf eine oder einige wenige Hunderassen spezialisiert ist.

Er wird dich und deine Familie kennenlernen wollen, um sicherzustellen, dass der Welpe in gute Hände kommt. Und er wird euch, wenn ihr den Welpen anschauen kommt, zeigen, wo und wie seine Hunde untergebracht sind. Ihr könnt dann selbst sehen, ob alles in Ordnung ist.

Gute Züchter kennen den Charakter ihrer Welpen, werden euch alle nötigen Unterlagen und auch Tipps zu Aufzucht, Erziehung und Pflege geben. Und auch bereit sein, den Welpen zurückzunehmen, falls es Probleme gibt.

Ihr könnt aber euren Hund auch aus einem Tierheim holen. Dort gibt es Hunde, die sich verlaufen haben, als Streuner auf der Straße lebten oder von ihren Besitzern ausgesetzt oder abgegeben wurden. In den Heimen findet ihr Welpen und ausgewachsene Tiere. Manchmal sind Rassehunde dabei, aber meist eher Mischlinge. Alle sind unterschiedlich und haben ihre eigene, oft sehr traurige Geschichte. Und alle würden super gern ein neues Zuhause finden.

Das allererste Heim für Hunde entstand 1695 in Japan. Die Tiere lebten auf Kosten des Staates und wurden mit Reis und Trockenfisch gefüttert.

Es gibt öffentliche und private Tierheime. Manche können nur ein paar wenige, andere mehrere Hundert Tiere beherbergen.

Wenn Tierheim-Hunde gut behandelt und an Menschen gewöhnt werden, finden sie leichter ein neues Zuhause.

Hunde im Tierheim werden von Tierpflegern und vielen ehrenamtlichen Helferinnen und Helfern gefüttert und medizinisch versorgt. Diese kümmern sich um die Hunde, geben ihnen Medikamente und gehen mit ihnen Gassi. Spaziergänge und menschlicher Kontakt sind wichtig für die Vierbeiner. Wenn sie – wie das manchmal vorkommt – nur einmal wöchentlich Auslauf haben und den Rest der Zeit im Zwinger verbringen müssen, leiden sie. Bist du noch unentschlossen, ob du ein eigenes Haustier haben willst? Wie wäre es, wenn du dir ein Tierheim in der Nähe suchst und dich dort ehrenamtlich um Hunde kümmerst?

Bei mir in Russland gibt es auch Menschen, die sich auf eigene Faust um streunende Tiere kümmern und neue Frauchen und Herrchen für sie suchen. So habe ich Jo gefunden.

Eigentlich wollte ich schon immer einen Hund haben. Aber lange hatte ich Bedenken, schließlich sind Hunde Lebewesen, mit denen man Gassi gehen, die man füttern und versorgen muss. Ob ich das schaffen würde? Eines Tages entschied ich: jetzt oder nie!

Ich wusste schnell, dass ich einen Hund aus dem Tierheim will. Da warten so viele auf ein neues Zuhause. Also schaute ich jeden Tag die Anzeigen im Internet durch.

Wie findest du den richtigen Hund?

Es ist traurig, wenn ein Hund in eine Familie kommt, in die er nicht passt. Das kann passieren, wenn wir bei der Auswahl vor allem auf Äußerlichkeiten achten. Jeder Hund hat seinen eigenen Charakter, sein Temperament und seine Bedürfnisse. Also lass uns mal schauen, welcher Hund zu dir und deiner Familie passen würde.

Diese Fragen helfen dabei:

Wie viel Zeit hast du an Schultagen und am Wochenende für Spaziergänge?

Ist jemand von euch auf Hundehaare allergisch?

Seid ihr eine aktive Familie? Macht ihr Spaziergänge, Wanderungen oder Radtouren? Wollt ihr ein kleines Energiebündel oder soll euer Hund eher ruhig und gemütlich sein?

Wo wohnt ihr? In einer Wohnung oder in einem Haus mit Garten? Ist ein Park in der Nähe mit Auslauf für den Hund?

Manche Hunde brauchen besonders viel Pflege. Ihr Fell muss sorgfältig gekämmt, gewaschen und regelmäßig geschnitten werden. Wie viel Zeit hat eure Familie neben Spielen und Spaziergängen für den Hund?

Wer geht mit ihm raus? Einen großen Hund können nur Erwachsene führen.

Wer wird sich um ihn kümmern? Hunde sind tolle Freunde, aber man muss sie auch erziehen und ausbilden.

Wie viel Geld könnt ihr ausgeben? Je größer der Hund, desto mehr frisst er. Außerdem müsst ihr noch Ausrüstung, Spielzeug, Impfungen, Versicherungen und im Krankheitsfall Tierarztrechnungen bezahlen.

Fahrt ihr oft weg? Könnt ihr den Hund mitnehmen oder habt ihr Freunde oder Verwandte, die sich dann um ihn kümmern?

Warum möchtest du einen Hund haben? Wie wird er in das Familienleben einbezogen? Welcher Hundetyp ist der richtige für euch?

Jede Rasse und jeder einzelne Hund hat eigene Besonderheiten und Bedürfnisse. Passen die zum Lebensstil eurer Familie?

Werdet ihr miteinander glücklich sein? Dies ist die wichtigste Frage.

Worauf du achten musst

Wenn ihr einen Welpen aus einer Zucht oder einen Hund aus dem Tierheim anschafft, lasst euch so viel wie möglich über ihn erzählen.

- Welchen Charakter hat das Tier? Hat die Rasse irgendwelche Besonderheiten? Worauf muss man achten, wenn es größer wird? Fragt bei Hunden aus dem Tierheim genau nach ihrer Vorgeschichte. Gibt es Verhaltensprobleme, auf die ihr euch vorbereiten solltet?
- Ist der Hund gesund? Lasst euch alles über die Gesundheit des Tiers erzählen, bei Zuchthunden auch über die Eltern.
- Hat der Hund alle Impfungen? Wurde er gegen Würmer, Flöhe und Zecken behandelt? Ist er gechippt? So früh wie möglich solltet ihr zum Tierarzt gehen.
- Welche Nahrung ist der Hund gewohnt? Welches und wie viel Futter zu welchen Tageszeiten empfiehlt der Züchter oder die Pflegerin? Fragt auch beim Tierarzt nach der besten Ernährung.
- Ist der Hund manchmal ängstlich oder aggressiv? Wenn ja, wann? Wie kommt er mit seinen Artgenossen klar und wie mit anderen Tieren oder Kindern?
- Hündin oder Rüde? Das Verhalten weiblicher und männlicher Hunde kann sehr unterschiedlich sein. Falls ihr einen Rassehund kauft, wollt ihr selbst Nachwuchs züchten? Oder ist der Hund möglicherweise kastriert?

Eines Tages durchstöberte ich ein Anzeigenportal im Internet. Und stieß auf Jo! Damals hieß sie natürlich noch nicht so, sie war ein namenloser weißer Welpe.

Das ist Julia, die mir Jo vermittelt hat.

Sie hat sie auf der Straße gefunden, in ein Tierasyl gegeben und neue Besitzer gesucht.

Julia kümmert sich um eine Menge Katzen und Hunde.

WELPE SUCHT ZUHAUSE!

Abzugeben in gute Hände.
Telefonnummer:

Das bin ich mit Regenjacke. Ende September, es ist kalt und nieselt. Ein paar Monate später wird Jo die Jackentaschen zerkaut haben.

Zuerst in die U-Bahn ...

Am Telefon fragte Julia mich gründlich aus, warum ich einen Hund will und ob ich mich auch wirklich um ihn kümmern kann. Das war wie bei einer Prüfung! Am nächsten Tag wollte ich Jo kennenlernen und fuhr in das Dorf, wo sie in einem Tierasyl* bei einem Tierarzt lebte.

Dann zum Bahnhof

Eine Stunde mit dem Vorortzug, vielleicht auch anderthalb …

… ziemlich lange …

… bis ich wieder an einem Bahnhof ankam.

Von dort noch 40 Minuten in einem rumpeligen Bus. Ich hatte Angst, das richtige Dorf zu verpassen.

Hier lebte Jo, und nicht nur sie.

** In Russland können obdachlose Tiere im Tierasyl unterkommen, bis sie ein Zuhause finden.*

Außer Jo lebten hier noch: fünf verspielte schwarze Mischlingswelpen, zwei erwachsene Hunde, die auch auf neue Besitzer warteten, und der große, alte Hund des Tierarztes. Er stellte mir alle vor und schlug vor, einen der schwarzen Welpen zu nehmen, weil niemand sie haben wollte.

Aber ich war ja wegen Jo hier, sie wollte ich sehen!

Und dann kam sie – ein furchtbar mageres Hündchen, lang, weiß, mit knochigen Knien, ruhig und vorsichtig.

Ich war ganz verlegen. Wir standen einander gegenüber, es nieselte, ich streckte meine Hand aus und sie schnüffelte daran.

Was dein Hund braucht

Hundeleine

5 – 7 Meter für normale Spaziergänge

1,5 – 2 Meter für kurze Wege

Hunde-geschirr

Ein Hundegeschirr ist manchmal besser als ein Halsband, an dem die Leine befestigt wird, denn wenn dein Hund stark zieht, kann er sich am Hals verletzen. Kauf am besten ein Halsband oder ein Geschirr, das deinem Hund gut passt, und achte darauf, dass es nirgends scheuert.

S. 48

Halsband

Am Halsband hängen die Hundemarke und/oder ein Adressschild.

Hundebett

Richte das Hundebett an einem ruhigen Ort ein, wo dein Hund ruhig schlafen, an seinem Spielzeug kauen und sich sicher fühlen kann. Nimm z. B. eine normale Matratze mit abnehmbarem Bezug oder eine kuschelige Decke. Hauptsache, waschbar.

Hundemarke

Sehr wichtig! Dein Hund trägt sie als Identifikationsnachweis für den Fall, dass er verloren geht. Auf der Vorderseite steht sein Name, auf der Rückseite die Steuernummer.

Näpfe

Futter- und Wassernapf sollten aus rostfreiem Metall oder Keramik sein. Nach jedem Füttern auswaschen!

Hundekot-beutel

Hundehaufen liegen lassen geht gar nicht! Die Beutel bekommst du im Tiergeschäft, in Parks stehen oft auch Doggy-Bag-Spender.

Krallenschere

Für die Pfotenpflege.

Hausapotheke

Falls dein Hund sich verletzt oder krank wird, solltest du alles für die Erste Hilfe zu Hause haben: Verbandmaterial, Fixierpflaster, Wundsalbe, Fieberthermometer, Entwurmungstabletten, Watte, Insektenschutzmittel und Desinfektionsmittel.

Shampoo

Menschenshampoo ist nicht gut für Hunde, du brauchst spezielles Hundeshampoo.

Bürste

Bürste deinen Hund regelmäßig, sonst liegen während des Fellwechsels überall Haarbüschel herum.

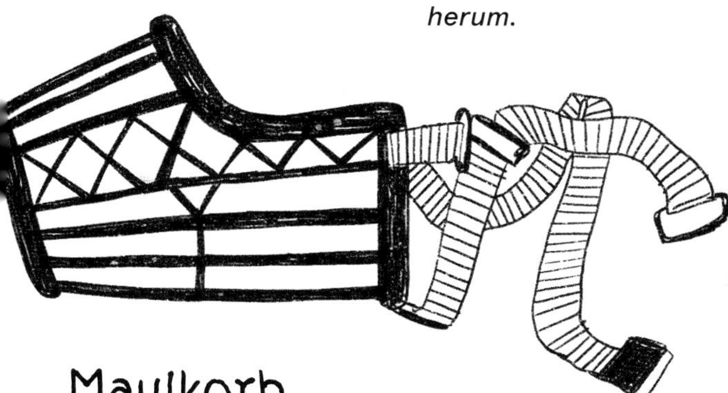

Maulkorb

Auch wenn dein Hund sehr lieb ist, braucht er vielleicht manchmal einen Maulkorb – beim Tierarzt oder in Bus und Bahn.

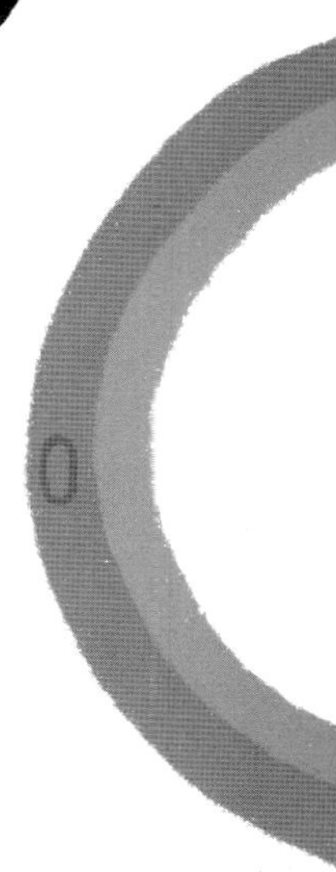

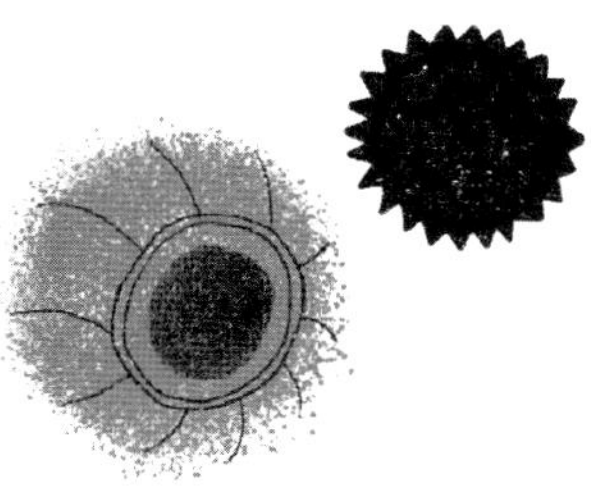

Spielzeug

Hunde lieben es, zu spielen – sie werden dabei sogar klüger! Es gibt sogar spezielles Spielzeug, bei dem der Hund knobeln muss, wie er an Leckerli herankommt. Einige Spielzeuge kannst du selbst machen:

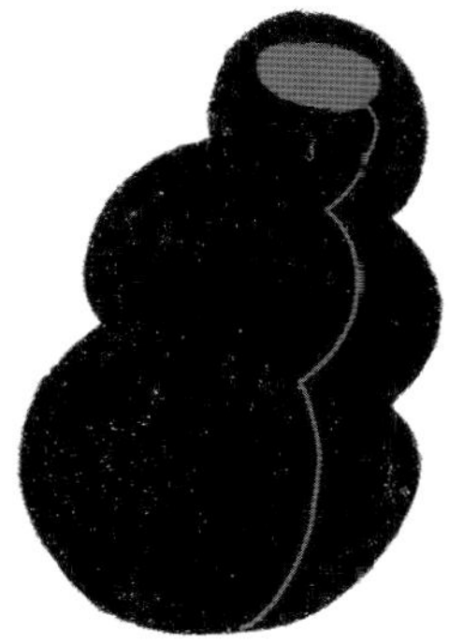

Hunde nagen gern, darum brauchen sie auch Kauartikel.

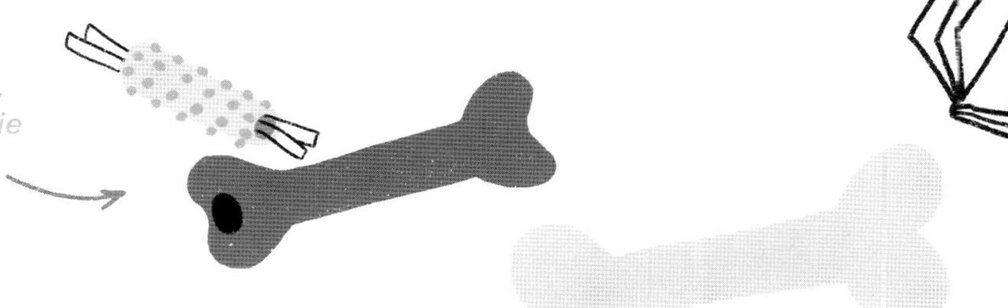

Ich kaufte eine Leine und Näpfe, richtete ein Hundebett aus meinem alten Bademantel ein. Und dann wartete ich! Jo wurde mit dem Auto gebracht. Sie stieg aus, setzte sich in den Hof und ließ sich einfach nicht überreden weiterzugehen. Ich musste sie ins Haus tragen, und sie war schon ganz schön schwer – zwölf Kilo!

LAMPS &

Dein Hund ist da!

Dein Hund ist angekommen! Und am liebsten willst du ihn gleich knuddeln und mit ihm spielen. Aber du solltest ihm Zeit geben, sich einzugewöhnen. Ob Welpe oder erwachsener Hund – für ihn ist jetzt alles ungewohnt und beängstigend. Menschen, Umgebung, Sachen, Gerüche und Geräusche – alles neu.

Weil alle Hunde verschieden sind, wird sich jeder in dieser Situation anders verhalten. Der eine rennt aufgeregt umher und schnüffelt in allen Ecken, ein anderer bleibt vielleicht ängstlich sitzen und wird sich erst nach einiger Zeit an das neue Zuhause gewöhnen.

Schau dir eure Wohnung mit den Augen eines Welpen an: Welche Dinge kann er erreichen? Wertgegenstände, Schuhe, Kabel, Spielzeug, Topfpflanzen und Essen (möglicherweise giftig für ihn) sollten außerhalb seiner Reichweite sein. Denn Dinge zu zernagen gehört zu seiner Natur.

Besorge also rechtzeitig Hundespielzeug, auf dem dein Welpe kauen darf.

S. 53

Am besten gehst du erstmal mit deinem Hund in den Garten oder eine kleine Runde spazieren, damit er sein Geschäft verrichten kann. Dann zeig ihm seinen vollen Trinknapf und lass ihn einige Stunden in Ruhe. Bleib in seiner Nähe, so kann er sich langsam an dich gewöhnen. Warte, bis er von allein zu dir kommt. Streck ihm die Hand zum Schnuppern hin, macht euch bekannt, rede mit ihm. Nach ein paar Stunden ist Zeit für einen etwas längeren Spaziergang.

Wenn du etwas aus seinem früheren Zuhause hast, leg es auf das Hundebett. Ein Spielzeug, eine Decke – irgendwas, das für ihn vertraut riecht. So wird er sich schneller eingewöhnen.

WIE HUNDE KOMMUNIZIEREN

Bellen, Knurren? Manchmal Winseln oder Jaulen? Ja, auch das gehört zur Hundesprache, aber hauptsächlich drücken sie sich mit dem Körper aus. Kennst du deinen Hund gut, wirst du sofort sehen, ob er fröhlich oder traurig ist, Angst hat oder angespannt ist. Hunde können dir allein mit ihrem Blick und ihrer Mimik sagen: »Bitte, bitte, gib mir das Stück Käse! Ich hab sooolchen Hunger!«

Willst du dich richtig gut mit deinem Hund verstehen, musst du seine Körpersprache lernen. Achte auf seinen Schwanz, die Ohren, die Schnauze und die Körperhaltung.

Bellen oder Knurren kann ganz Unterschiedliches bedeuten – ein warnendes »Komm mir nicht zu nahe!« oder ein einladendes »Lass uns spielen, komm schon!«. Es hängt alles von der Körpersprache des Hundes in diesem Moment ab.

Die wichtigsten Signale der Hundesprache findest du auf der nächsten Doppelseite.

Umarme deinen Hund nicht von oben.

Am besten kniest du dich hin und näherst dich deinem Hund leicht von der Seite.

Alle lieben es, Hunde zu umarmen. Hunde selbst allerdings gar nicht so sehr. Wenn man sich über sie beugt und von oben umarmt, können sie das als Bedrohung auffassen. Und dann kann es passieren, dass sie zuschnappen. Das machen sie fast nie ohne Grund und Vorwarnung. Man muss sie nur verstehen. Bevor er uns beißt, wird ein Hund uns bitten, ihn nicht zu bedrängen: Er wendet sich ab, leckt sein Fell, stellt die Ohren auf, versucht, sich zu verstecken, oder knurrt er leise. Nur wenn wir alle Signale ignorieren, schnappt er vielleicht nach uns.

Ein Hund ist kein Spielzeug, sondern ein Familienmitglied. Wie bei uns auch kann es vorkommen, dass er schlechte Laune hat, ihm etwas wehtut oder er einfach seine Ruhe braucht.

Achte auf die Körperhaltung, die Stellung der Ohren und des Schwanzes!

Ich habe große Angst.
Kraul mich am Bauch!
Ich bin entspannt.
Ich habe Angst und bin angriffsbereit.

Manche Menschen machen leicht neue Bekanntschaften, anderen fällt es schwerer. Bei Hunden ist das auch so. Jo und ich sind beide Einzelgänger – und brauchten eine Weile, uns anzufreunden.

Als Jo ankam, hatte sie Angst, in mein Zimmer zu gehen. Ich musste ihr das Hundebett über Nacht in den Flur bringen und konnte lange nicht einschlafen, weil ich sie nebenan atmen hörte.

In den nächsten Tagen erkundete Jo vorsichtig die Wohnung. Ich redete und spielte mit ihr, gab ihr Leckerli, und so freundeten wir uns langsam an.

Im ersten halben Jahr machte Jo keinen Mucks, sie war der leiseste Hund der Welt! Ich dachte schon, sie sei stumm. Stellt euch meine Überraschung vor, als ich eines Tages beim Arbeiten im Atelier ein lautes, tiefes Bellen hörte. So lange hat es gedauert, bis Jo sich in meiner Nähe ganz sicher fühlte. Inzwischen ist sie eine richtige Plaudertasche.

Wichtige Dinge!

Passfoto am besten im Profil und in voller Größe

Heimtierausweis

Willst du mit deinem Hund ins Ausland reisen, braucht er unbedingt einen Mikrochip und einen Reisepass, den EU-Heimtierausweis. Darin stehen Angaben zum Hund und zum Hundehalter (also wahrscheinlich deinen Eltern). Außerdem werden darin die Impfungen dokumentiert. Ganz wichtig ist die Tollwutimpfung, ohne die darf dein Hund nicht verreisen!

Auch Behandlungen gegen Zecken, Flöhe und andere Parasiten können eingetragen werden. Diese Eintragungen dürfen nur Tierärzte vornehmen. Den Ausweis selbst bekommst du auch in der Tierarztpraxis.

Damit sicher ist, dass er auch wirklich deinem Hund gehört, ist der Ausweis mit einer Kennzeichnungsnummer versehen, die dein Hund bekommt, wenn er den Mikrochip zur Identifizierung erhält (bei älteren Hunden kann das auch eine Tätowierung sein).

So sieht der EU-Heimtierausweis aus. Mit ihm kann überall in der Europäischen Union ein Heimtier eindeutig identifiziert und sein Impfstatus kontrolliert werden.

IMPFUNGEN

In den ersten Lebenswochen nehmen Hundewelpen mit der Muttermilch nicht nur wertvolle Nährstoffe, sondern auch Antikörper gegen Krankheiten auf. Mit der Zeit lässt dieser Schutz langsam nach und die Welpen müssen geimpft werden. Im ersten Jahr wird normalerweise eine ganze Reihe Impfungen durchgeführt, die ersten schon nach acht bis neun Wochen.

Impfungen werden in der Regel jährlich aufgefrischt, manchmal seltener. Frage am besten beim Tierarzt nach.

Denke daran, rechtzeitig mit dem Tierarzt über einen Impfplan zu sprechen. Dein Hund muss gesund sein und sollte sieben bis zehn Tage vor der Impfung entwurmt werden.

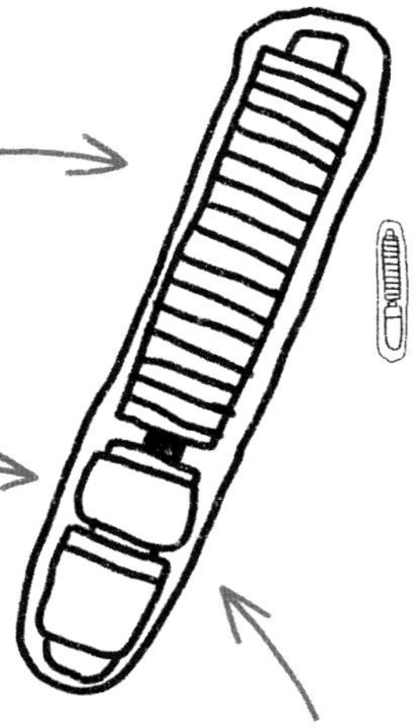

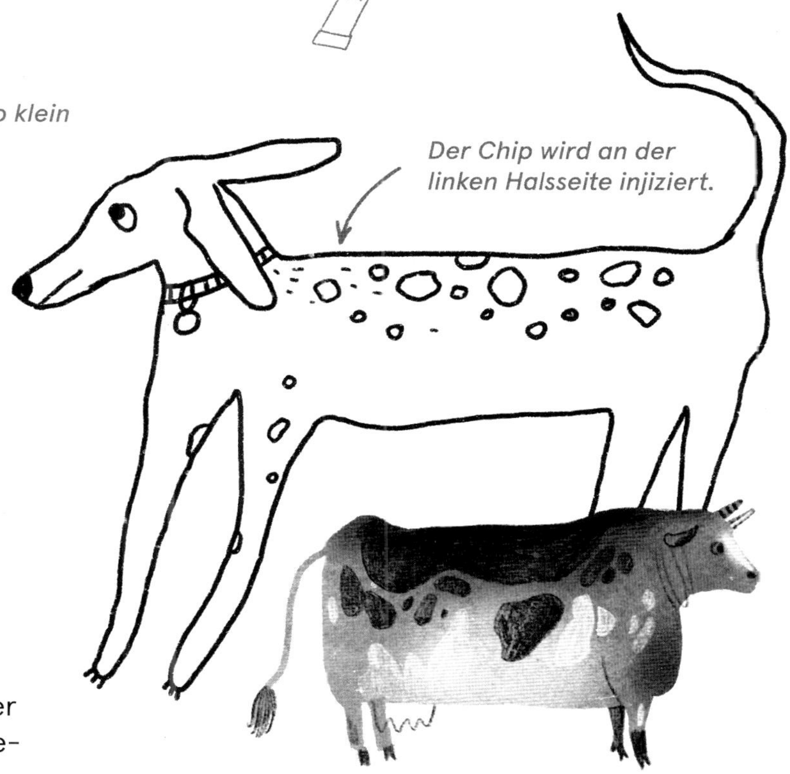

Die ersten Mikrochip-Implantate für Tiere wurden 1989 in den Niederlanden eingeführt.

HUNDECHIP

Knapp doppelt so groß wie ein Reiskorn ist die Glaskapsel mit Mikrochip, die man Hunden mit einer speziellen Kanüle unter die Haut spritzt. Der Hundechip ist eine Art elektronischer Personalausweis, jeder Chip hat eine eigene, mit einem Lesegerät auslesbare Nummer. Jeder Besitzer muss sich in einer allgemeinen Datenbank registrieren lassen und seine sowie die Daten seines Hundes speichern. Unter der Nummer sind dann Informationen zu Hund und Besitzer hinterlegt. Geht dein Hund verloren, ist er mit Chip viel leichter wiederzufinden. In vielen Ländern der Welt sind Hundechips Pflicht, auch in einigen deutschen Bundesländern wie Berlin, Hamburg, Niedersachsen und Thüringen. In den anderen werden sie empfohlen.

Die Chip-Nummer ist 15-stellig:

276 0981 00000003

Ländercode (Deutschland) – *Herstellercode* – *Identifikationsnummer des Tiers*

Nach einem Leben voller Gefahren auf der Straße landete Jo im Tierasyl und schließlich bei mir. Ich ließ sie impfen und hielt sie zu Hause in Quarantäne, sechs Wochen lang. Der erste Spaziergang war schrecklich! Sie traute sich nicht aus der Wohnung und nicht vor die Haustür. Auf dem Gehweg machte sie sich steif und weigerte sich zu laufen. Einfach alles machte ihr Angst!

Anfangs gingen wir nur im Hof Gassi, dann immer ein Stückchen weiter. Es dauerte Monate, Jo schrittweise an alles Neue zu gewöhnen: einkaufen gehen, Autos, an Ampeln warten und über die Straße gehen.

Sie machte das supertoll! Zwar ist sie immer noch mein kleines Angsthäschen, Hundenäschen, aber inzwischen liebt sie Spaziergänge und Begegnungen mit anderen Leuten und Hunden.

LADEN
OBST & GEMÜSE
MILCHPRODUKTE
BROT

Das richtige Futter

Fleischprodukte sind die Basis für die Hundeernährung. Aber zu einer ausgewogenen Diät gehören auch andere Nahrungsmittel, die Eiweiße, Fette, Kohlenhydrate, Vitamine und Mineralien enthalten. Grundsätzlich gibt es zwei Ernährungsarten: Fertigfutter oder hausgemachtes Futter – selbst gekocht oder Barf (biologisch artgerechte Rohfütterung).

Die Geschichte des Trockenfutters begann 1860 mit einem amerikanischen Vertreter für Blitzableiter. Auf einer Reise nach England sah James Spratt im Hafen von Liverpool, wie Hunde von Matrosen weggeworfenen Zwieback futterten. Er kreierte Hundekuchen aus Weizenmehl, Gemüse und Rinderblut. Das teure Gebäck kauften anfangs nur englische Lords für ihre Jagdhunde.

Fertigfutter

Wird speziell für Hunde hergestellt. Es gibt Dosen- und Trockenfutter.

- Bei manchen Hunden kann es etwas dauern, bis man das richtige Futter gefunden hat. Bleib dann am besten bei einer Futtersorte.
- Lies dir vor dem Kauf die Inhaltsangaben durch. Zuerst werden die Hauptbestandteile genannt, Fleisch und Fleischprodukte, danach Obst und Gemüse, Fette, Vitamine und Zusatzstoffe.
- Welpen, alte und kranke Hunde brauchen Spezialfutter.

Barf

Steht für biologisch artgerechte Rohfütterung. Beim Barfen bereitest du deinem Hund das Futter auf der Grundlage von eiweißreichem Fleisch selbst zu. Da es schwierig ist, die Ernährung ausgewogen zu gestalten, solltet ihr den Plan mit einem Tierernährungsberater besprechen.
Die Zutaten:

- Fleisch, Fisch, fettarme Milchprodukte
- Gemüse, Obst, Kräuter
- Kleine Mengen an Getreide

Was man Hunden nicht schon alles zu fressen gab! Die chinesische Kaiserinwitwe Cixi fütterte ihre Pekinesen mit Antilopenmilch, Wachtelbrüsten und Haifischflossen.

Frage einen Tierarzt, ob dein Hund Vitamine bekommen soll.

Gib etwas Öl zum Futter (Oliven-, Sonnenblumen-, Leinöl). Je nach Größe des Hundes ein paar Tropfen bis zu einem Esslöffel.

Bei Fisch alle Gräten entfernen.

Die Ernährung für deinen Hund solltest du mit einem Tierarzt oder Futterspezialisten besprechen.

Welpen werden anfangs vier- bis fünfmal täglich gefüttert und bis Ende des ersten Lebensjahres an zwei bis drei Mahlzeiten gewöhnt.

Hunde kauen ihr Futter nicht, sondern reißen kleine Stücke davon ab und verschlingen sie. Kleinschneiden oder Pürieren ist also nicht nötig.

Wie viel Futter braucht mein Hund?

Gibst du deinem Hund Fertigfutter, kannst du dich an der empfohlenen täglichen Verzehrmenge auf der Packung orientieren. Die hängt von Größe und Alter des Tiers ab.

Die genaue Futterration beim Barfen unterscheidet sich von Hund zu Hund, je nach Alter, Aktivität und Gesundheitszustand. Das sollte mit einem Tierernährungsberater besprochen werden.

Erwachsene Hunde bekommen zweimal täglich Futter – am besten nach dem Gassigehen.

Leckerli sollten nicht mehr als 10 Prozent des gesamten Futters ausmachen, damit der Hund nicht überfüttert wird. Leckerli kannst du bei der Hundeerziehung oder einfach zwischendurch geben. Du kannst sie selbst machen oder im Fachgeschäft kaufen.

Wie viel Wasser braucht mein Hund?

Abhängig vom Futter trinken Hunde manchmal mehr oder weniger. Im Trinknapf sollte auf jeden Fall immer frisches Wasser sein. Mindestens einmal täglich wechseln!

Du kannst Hundekekse einfach selbst herstellen. Ein Rezept findest du auf Seite 95.

Verbotene Lebensmittel

Schokolade

Schokolade enthält das für Hunde giftige Theobromin. In kleinen Mengen kann es zu Erbrechen, Durchfall und Herzrasen führen, in großen Mengen zu Herzversagen und Tod.

Weintrauben und Rosinen

Die Wissenschaft konnte bislang nicht herausfinden, warum Weintrauben für Hunde so schädlich sind. Aber schon einige Beeren können zu akutem Nierenversagen führen.

Avocado

Die in Avocados enthaltene Substanz Persin kann bei Hunden zu Erbrechen und Durchfall führen.

Zwiebeln und Knoblauch

Einige in Zwiebeln und Knoblauch enthaltene chemische Verbindungen können die Blutkörperchen von Hunden zerstören und zu Blutarmut führen.

Darf ich meinem Hund von meinem Essen abgeben?

Haustiere haben ein anderes Verdauungssystem als Menschen, Menschennahrung ist für sie zu schwer. Sie unterscheidet sich stark von Hundenahrung, enthält viel mehr Kohlenhydrate und viel weniger Eiweiß, außerdem Salz, Zucker, Gewürze und Fett. All das kann bei Hunden schwere Erkrankungen auslösen, also gib deinem Hund besser nichts vom eigenen Teller.

Das heißt aber nicht, dass du ihm gar keine Leckereien geben darfst. Dein Hund freut sich über ein Stück frisches Obst oder Gemüse, Salatblätter oder ein Stück mageres Fleisch. Besonders gern mögen Hunde Käse, aber weil der meist sehr viel Fett und Salz enthält, solltest du nur kleine Mengen davon füttern.

Als Jo zu mir kam, war sie klapperdürr. Man konnte unter ihrem Fell die Rippen zählen! Beim Spazieren bekam ich manchmal wütende Kommentare und Vorwürfe von Leuten, die glaubten, ich füttere Jo nicht ordentlich.

Dabei haute sie rein wie ein Scheunendrescher und schlang ihr Futter innerhalb von Sekunden runter! Aber statt zuzunehmen, schoss sie in die Höhe, man konnte ihr buchstäblich beim Wachsen zusehen. Bis heute ist sie sehr dünn geblieben.

Jo ist eine meisterhafte Essen-Stibitzerin!

Einmal kochte ich eine riesige Pfanne indisches Curry mit Hähnchen, Gemüse, Reis und scharfen Gewürzen.

Um es abkühlen zu lassen, nahm ich den Deckel von der Pfanne und verließ für fünf Minuten die Küche.

Als ich zurückkam, traute ich meinen Augen nicht: Auf dem Herd stand eine blitzblanke Pfanne. Vom Curry war nicht ein Reiskörnchen mehr übrig!

Daneben saß eine schläfrige Jo und leckte sich träge das Maul. Sie sah mich an und schien zu sagen: »Was für ein göttliches Curry das war!«

Alle Hunde machen das

Hunde müssen pinkeln und ein Häufchen machen. Wir haben dafür die Toilette zu Hause, Hunde müssen ihr Geschäft im Freien erledigen. Sie sind reinliche Tiere und lernen das mit deiner Hilfe recht schnell. Einige Hunde können schon mit vier bis fünf Monaten bis zum Gassigehen einhalten, andere lernen das erst mit zehn bis zwölf Monaten.

Es kann auch bei erwachsenen Hunden vorkommen, dass sie in die Wohnung pinkeln. Möglicherweise, weil sie zu selten Gassi geführt werden, oder sie haben Stress oder eine Krankheit. Wenn euer Hund plötzlich anfängt, in die Wohnung zu machen, solltet ihr zum Tierarzt gehen. Stellt er keine medizinischen Ursachen fest, solltet ihr überlegen, welche anderen Gründe es geben könnte. Vielleicht müsst ihr einen Tiertherapeuten aufsuchen.

S. 84

Gewöhne deinem Hund nicht an, in eine Wanne oder ein Katzenklo zu pinkeln.

Wie bringe ich einem Welpen bei ...

- Macht dein Hund in die Wohnung, wisch das Pipi einfach mit Küchenpapier auf und geh direkt danach mit ihm raus.
- Geh anfangs fünf- bis sechsmal täglich mit deinem Hund raus. Wenn er ein Jahr alt ist, noch zwei- bis dreimal.
- Halte dich an feste Zeiten fürs Füttern und zum Gassigehen. So gewöhnt sich dein Hund an diese Regelmäßigkeit.
- Geh immer nach dem Aufstehen, nach jeder Mahlzeit und nach dem Spielen mit ihm raus, mal für längere Spaziergänge, manchmal nur kurz zum Pinkeln.

Schimpfe deinen Hund nicht aus, wenn er ins Zimmer pinkelt. Nicht mit der Schnauze ins Pipi stupsen oder anders körperlich bestrafen. Er wird sonst Angst vor dir bekommen und sein Geschäft heimlich verrichten.

… draußen zu pinkeln?

- Achte auf die Körpersprache deines Hundes. Wenn er winselt und nervös hin- und herläuft, könnte das heißen, dass er mal muss. Geht dann schnell raus.
- Lob deinen Hund, wenn er draußen pinkelt – auch mit einem Leckerli.

Forschende der Uni Duisburg-Essen und der tschechischen Agraruni in Prag entdeckten vor Kurzem, dass Hunde sich am häufigsten in Nord-Süd-Ausrichtung erleichtern. Offenbar können sie das Magnetfeld der Erde spüren. Zwei Jahre lang wurden 70 Hunde beobachtet, die insgesamt 1893 Haufen und 5582 Pfützen machten.

Jo war nicht mehr klein, als sie zu mir kam, aber sie pinkelte noch sehr lange in die Wohnung. Stellt euch eine 20 Kilo schwere Jo vor und eine Pfütze, die über den halben Boden lief! Was ich nicht alles versuchte! Ich befolgte alle Ratschläge, ging dreimal täglich für eine Stunde oder länger mit ihr Gassi und wischte dauernd die Wohnung. Ich lobte Jo und gab ihr Leckerli, wenn sie draußen pinkelte. Ich ließ sie vom Tierarzt untersuchen. Aber alles umsonst! Ein halbes Jahr lang ...

... bis sie eines Tages einfach so damit aufhörte. Vermutlich war jetzt, als Jo älter und sicherer geworden war, der richtige Zeitpunkt gekommen.

Spaziergänge

Ein erwachsener Hund braucht bis zu zwei Stunden Auslauf am Tag, immer abhängig von Rasse und Temperament. Ein sehr aktives Tier wird ausgedehntere Spaziergänge brauchen, um sich auszutoben. Spazierengehen bedeutet aber nicht nur Auslauf und herumtollen, sondern auch andere Hunde treffen, spielen, trainieren, neue Gegenden erkunden.

Menschen haben etwa sechs Millionen Geruchsrezeptoren, Hunde bis zu 250 Millionen! Sie erkunden die Welt mit der Nase. Beim Spazieren markieren sie ihre Umgebung, hinterlassen Spuren von Urin und Kot. Anhand dieser Spuren können Hunde Freunde und Feinde unterscheiden, Geschlecht, Alter und Gesundheitszustand eines anderen Hundes erkennen und sogar, ob der andere glücklich oder unzufrieden ist. Sind Hunde nervös oder böse, ändert sich ihr Hormonhaushalt und damit ihr Geruch. Wundere dich nicht, wenn dein Hund an jedem zweiten Busch anhält. Gib ihm Zeit, zu schnuppern und Informationen zu sammeln.

Hunde begrüßen einander durch Schnuppern am Hinterteil. Unter dem Schwanz befindet sich eine spezielle Duftdrüse, das ist die Visitenkarte des Hundes. »Riech ich dich, dann kenn ich dich.«

Hundehaufen bitte immer wegräumen! Sie enthalten Bakterien, Wurmeier und Würmer, haben keinen Wert als Dünger und sind ein Krankheitsrisiko für Menschen und andere Hunde.

Geht immer mal neue Wege. Tagein, tagaus die gleiche Strecke zu laufen ist langweilig für deinen Hund – aber auch für dich. Manche Hunde brauchen ständig neue Eindrücke, andere sind eher Gewohnheitstiere. Geh auf die besonderen Bedürfnisse deines Hundes ein. Vielleicht nehmt ihr wochentags immer die gleiche Route und lauft dafür am Wochenende durch Wald und Feld. Vielleicht braucht dein Hund aber auch jeden Tag Abwechslung. Finde es heraus!

Hunde verausgaben sich bei zwanzig Minuten Training oder Suchspielen genauso wie bei einer Stunde Querfeldein-Lauf. Deshalb ist es wichtig, jeden Spaziergang anders zu gestalten. Spiele und Übungen sollten sich abwechseln mit ausgedehnten Streifzügen, Begegnungen mit anderen Hunden und dem Erkunden neuer Gegenden.

S. 52

Gewöhnlicher Spaziergang
(40 – 90 Minuten)
Morgens eventuell kürzer, abends gern länger

Gassigehen
(10 – 15 Minuten)
Zusätzliche Klo-Gänge mittags und vor dem Schlafengehen, falls dein Hund nicht lange genug einhalten kann

Ausgedehnter Spaziergang
Am Wochenende oder an Feiertagen könnt ihr mit dem Hund lange Ausflüge in die Natur unternehmen.

Wie viel Auslauf braucht mein Hund?

Gesunde Hunde schlafen im Schnitt 14 bis 18 Stunden täglich. Welpen, alte und kranke Hunde brauchen etwas mehr Erholung. Es ist also völlig normal, wenn euer Haustier nach einem langen Spaziergang den halben Tag verschläft.

Wenn euer Hund zu Hause übermäßig aktiv ist, wenig schläft und viel herumtobt, kann es sein, dass ihm Auslauf und geistige Anregung fehlen. Dann solltet ihr häufiger mit ihm rausgehen, mehr spielen und trainieren. Umgekehrt kann es vorkommen, dass der Hund am Tag nach einem langen Spaziergang völlig fertig in der Ecke liegt. Dann braucht er offensichtlich Erholung, und die solltest du ihm gönnen.

Hundegeschirre haben eine lange Geschichte. Schon vor 8000 Jahren wurden im Hohen Norden Hunde mit Geschirren vor Schlitten gespannt, um Menschen und Waren zu transportieren.

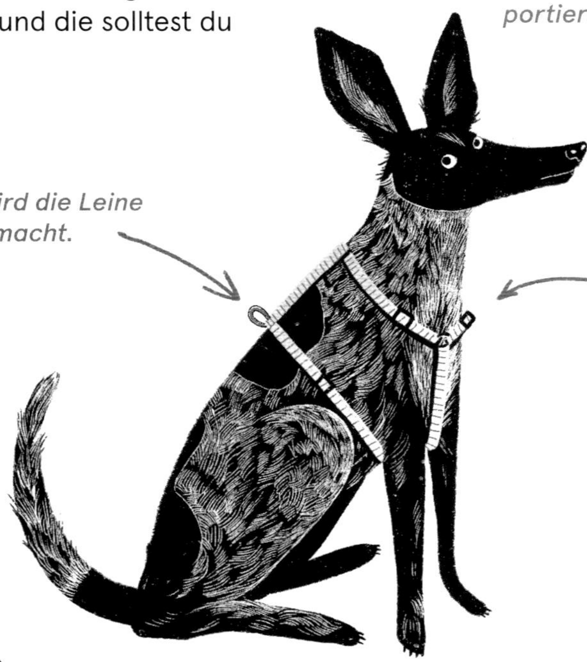

Hier wird die Leine festgemacht.

Ein gutes ergonomisches Geschirr schränkt die natürliche Laufbewegung des Hundes nicht ein. Der Druck sollte bei Zug gut verteilt sein.

Hundegeschirr oder Halsband?

Hunde mit Halsband sind ein gewohnter Anblick, aber manchmal führen Halsbänder zu Verletzungen. Temperamentvolle Hunde können sich durch wildes Ziehen an der Leine die Luftröhre quetschen. Hundeexperten empfehlen deshalb Geschirre. Mit Gurten um Brust und Rücken der Tiere sind diese bequemer und sicherer zu tragen. Reißt ein Hund stark an der Leine, wird der Druck über die Gurte auf den gesamten Körper verteilt. Hunde können aber auch lernen, entspannt an Leine und Halsband zu laufen.

Je nach Einsatz gibt es verschiedenste Arten von Geschirren, z. B. für Schlitten-, Blinden-, Arbeits- und Suchhunde oder für spezielle Verhaltenstrainings. Dein Hund braucht ein normales Spaziergeschirr, das ihm vor allen Dingen gut passen muss.

Mit oder ohne Leine?

An öffentlichen Orten und in Bus und Bahn gehört dein Hund an die Leine. In vielen Bundesländern gilt die Leinenpflicht auch auf Feld- und Waldwegen. Ausnahmen sind z. B. spezielle Hundewiesen in Parks. Informiere dich über die Regeln bei dir zu Hause!

Auch wo es erlaubt ist, solltest du den Hund nur von der Leine lassen, wenn er sehr gut auf dich hört. Ein Rückrufkommando wie z. B. »Komm« muss er jederzeit befolgen. Andernfalls riskierst du, dass er wegläuft.

Am besten sind zwei Leinen: eine kurze (1,5 bis 2 Meter) für kurze Gänge, Besorgungen, Bahnfahrten und eine lange (5 bis 7 Meter), die dem Hund mehr Freiheit lässt. So eine Leine ist gut geeignet, um den Hund im Freien zu trainieren, ohne dass er ausbüxen kann.

Warum keine Roll-Leine? Weil sie dauerhaft gespannt ist und den Hund zum Ziehen zwingt. Hunde sollten sich nicht daran gewöhnen, an der Leine zu ziehen, um an ihr Ziel zu kommen.

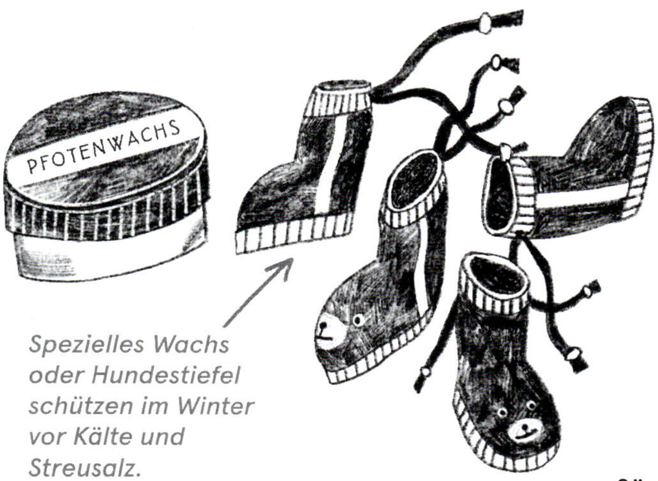

Spezielles Wachs oder Hundestiefel schützen im Winter vor Kälte und Streusalz.

Säubere deinem Hund die Pfoten in einer Schüssel mit Wasser (oder bei kleineren Tieren im Waschbecken), wenn es draußen matschig ist. Nimm einen sauberen Lappen zum Abtrocknen. Hat sich der Hund von oben bis unten eingedreckt, hilft nur noch ein Vollbad. Ans Pfoten-Waschen musst du deinen Hund früh gewöhnen. Bringe ihm bei, so lange ruhig zu stehen, bis du selbst Jacke und Schuhe ausgezogen und das Waschzeug geholt hast.

Hunde mit dünnem Fell brauchen witterungsgerechte Kleidung.

Bei mir in Russland gibt es auch Pfoten-Reiniger mit integrierter Bürste, die man mit Wasser und Shampoo füllt.

Wir wohnen fast im Zentrum von Moskau, aber trotzdem ideal für Spaziergänge. Ganz in der Nähe ist ein Fluss mit einem kleinen Platz am Ufer. Dahin gehen Jo und ich, beobachten das tosende Wasser an der Schleuse und die vielen Lastkähne und kleinen Schiffe am Rand. Manchmal laufen wir einfach in der Gegend herum, kaufen in einem kleinen Laden Brot und Milch ein oder gehen über den Fluss in einen Park mit Spechten und Eichhörnchen.

Wenn wir frühmorgens dort ganz allein sind, lasse ich Jo von der Leine und wir spielen Ball. Besonders schön ist es im Herbst, wenn sich Jo bis zur Brust in rot-gelbes Ahornlaub eingraben kann.

Aber am schönsten sind die Spaziergänge bei meinen Eltern auf dem Dorf. Neben ihrem Haus gibt es Wald, einen Fluss und Felder – das wahre Leben! Jo rennt durchs hohe Gras, buddelt Löcher, jagt Mäuse und planscht im Fluss. Jedes Mal sind wir traurig, wenn es in die Stadt zurückgeht.

Spielend lernen

Hunde lieben Spiele! Und Welpen spielen eigentlich die meiste Zeit ... also, wenn sie nicht gerade schlafen. Durch das Spielen lernen sie und erkunden die Welt um sich herum. Auch für erwachsene Hunde sind Spiele so wichtig wie der tägliche Auslauf. Sie schaffen Nähe zu Frauchen oder Herrchen und sind wichtig bei der Erziehung.

Bei sehr aktiven Bewegungs-Spielen können Hunde sich körperlich verausgaben. Meist noch anstrengender sind Intelligenz-Spiele, bei denen sie Denkaufgaben lösen müssen.

Als einer der klügsten Hunde der Welt gilt die Border-Collie-Hündin Chaser. Ihr Besitzer, der Psychiater John Pilley, brachte ihr 1022 Wörter bei. Sie konnte 800 Plüschtiere, 116 Bälle und 26 Frisbee-Scheiben, denen Pilley jeweils eine eigene Bezeichnung zugeordnet hatte, unterscheiden.

Bewegungs-Spiele

Fangen

Renn mit deinem Hund und fang ihn ein. Bei der nächsten Runde darf er dich fangen.

Verstecken

Dieses Spiel verbessert den Sichtkontakt mit deinem Hund. Versteck dich zuerst in der Wohnung, hinter einem Sessel oder Sofa. Lobe den Hund, wenn er dich findet. Später könnt ihr es draußen versuchen, hinter einem Baum oder Busch. Ein Spiel, das sich nur für selbstbewusste Hunde eignet, für ängstliche oder junge kann es gefährlich sein.

Apportieren

Wirf einen Ball und lass ihn zurückbringen. Nicht alle Hunde geben ihr Spielzeug gern wieder her. Nimm deinem Hund den Ball also nicht einfach weg, aber lobe ihn, wenn er ihn dir bringt. Für Welpen ab einem Jahr geeignet.

Tauziehen

Viele Hunde lieben dieses Spiel. Aber beachte ein paar Grundregeln: Beginne und beende das Spiel mit Kommandos wie »Fass!« und »Aus!«. Falls dein Hund deine Hand mit den Zähnen berührt, beende das Spiel sofort.

Intelligenz-Spiele

Diese Art von Spielen dreht sich fast immer um das Suchen und Finden von Futter. Sie sind spannend für deinen Hund und stärken sein Selbstvertrauen. Beginne mit einfachen Spielen und hilf deinem Hund, wenn er nicht weiter weiß.

Das allereinfachste Spiel! Lass deinen Hund erschnuppern, in welcher Hand das Leckerli steckt. Beginne mit stark duftendem Futter.

Oder nimm Pappbecher statt deiner Hände.

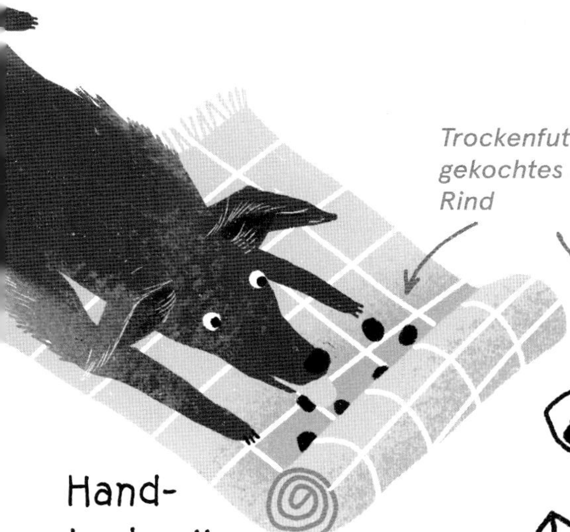

Trockenfutter, etwas gekochtes Huhn oder Rind

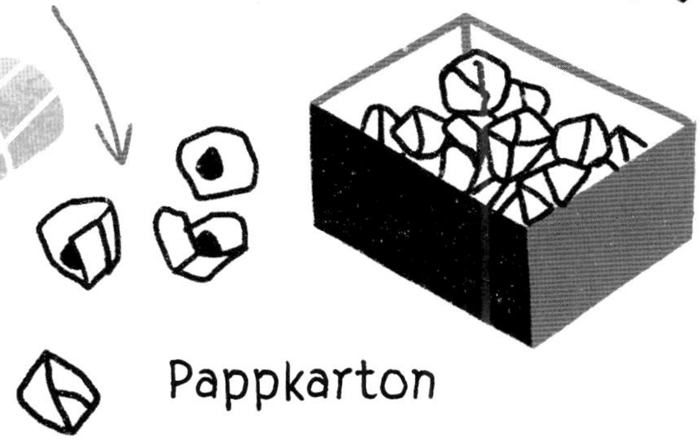

Handtuchrolle

Rolle ein Leckerli in ein Handtuch ein. Dein Hund wird lange knobeln, wie er da am besten rankommt.

Pappkarton

Verstecke ein paar Leckerli in zerknülltem Papier in einem Karton. Lasse einige Papierstückchen leer.

Trockenfutter

Loch in der Flaschenmitte

Flasche

Fülle einige Leckerli in eine Flasche, klebe die Öffnung mit Klebeband zu. Für Fortgeschrittene: Leckerli zusätzlich einwickeln und Schraubverschluss drauf.

Schüffelteppich

Dies ist eine super Methode, um deinen Hund lange zu beschäftigen. Wenn er meist zu schnell frisst, kannst du ihm seine ganze Tagesration im Teppich geben.

Achte bei allen Spielen darauf, dass dein Hund nichts Schädliches frisst. Wenn er gern Papier oder Plastik verschluckt, solltest du diese Materialien vermeiden.

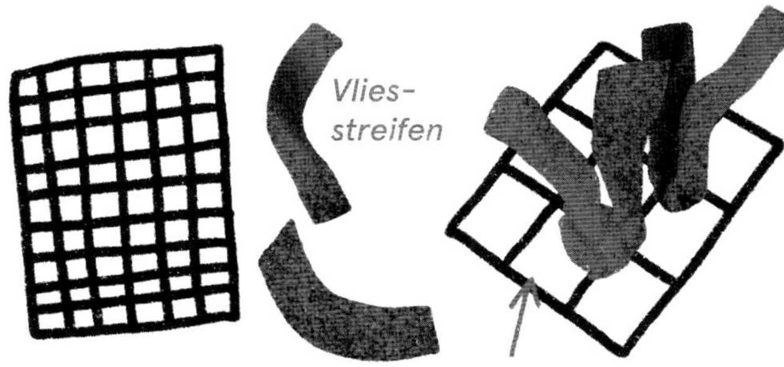

Vliesstreifen

Kunststoffgitter (Fußmatte oder Spülbeckeneinlage)

Jeden Streifen mit zwei Knoten festbinden.

Leckerli zwischen den Streifen verstecken. Kommando: »Such!«.

Interaktives Spielzeug

Im Fachhandel gibt es auch fertige Spielzeuge, an denen dein Hund nagen kann, aber längst nicht nur das. Sie regen den Verstand an, fördern die geistige Entwicklung, befriedigen den Kautrieb und die Lust, Essen aufzuspüren. Im Spielzeug ist Futter versteckt (es gibt massenhaft Rezepte dafür), an das dein Hund unbedingt herankommen will. Je nach Art des Spielzeugs und des Futters kann das schwerer oder leichter sein. Willst du deinen Hund besonders fordern, kannst du das Spielzeug samt Füllung sogar einfrieren.

KONG heißt das bekannteste Hundespielzeug dieser Art. Der Mechaniker Joe Markham hat es in den 1970er-Jahren erfunden. Sein Schäferhund Fritz kaute oft an Steinen, was seinen Zähnen schadete. Alle gekauften Spielzeuge zerbiss er sofort. Als Joe eines Tages einen VW-Bus reparierte, brachte Fritz ihm im Maul ein Teil vom Stoßdämpfer, bestehend aus drei robusten Gummiringen. Das inspirierte Markham zu seiner Erfindung.

So sah das Auto-Teil aus. Die Form ist fast gleich geblieben

Rezepte

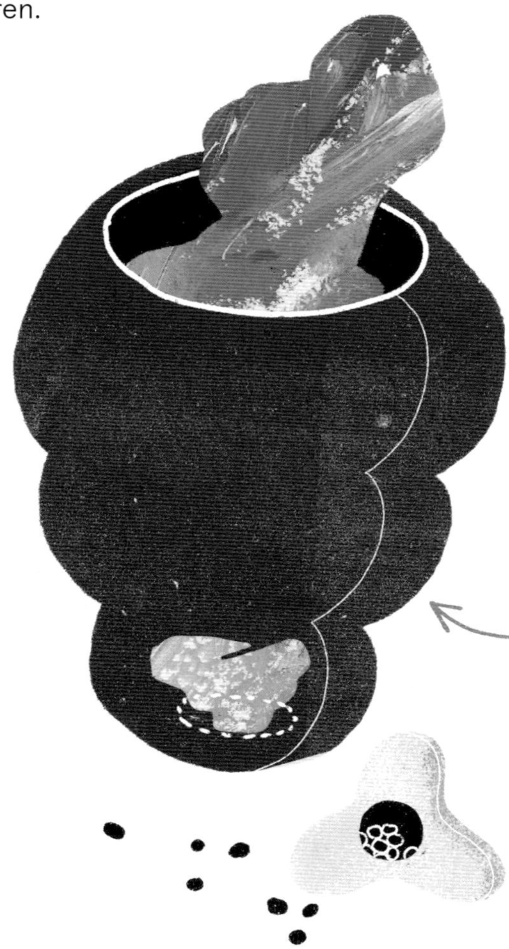

1.

Früchte in Stücke schneiden. Beeren (keine Weintrauben!) gehen auch, wenn dein Hund nicht allergisch ist. Vielleicht eine Banane pürieren, alles mit Naturjoghurt vermischen, in das Spielzeug füllen und drei bis vier Stunden einfrieren.

2.

Käsestückchen mit ungesalzenen Cracker-Krümeln und Quark vermischen. Gefroren oder ungefroren geben.

3.

Fleischstückchen mit gekochtem Reis und Möhren (roh geraspelt oder gekocht in Würfeln) vermischen.

Verschließe die kleine Öffnung unten mit etwas Frischkäse oder einem Stück Obst. Danach kannst du das Spielzeug mit einem Futter deiner Wahl füllen:

Trockenfutter, zerkleinertes Gemüse oder Hundekekse

Die bequemste, aber nicht minder leckere Variante: Dosenfutter

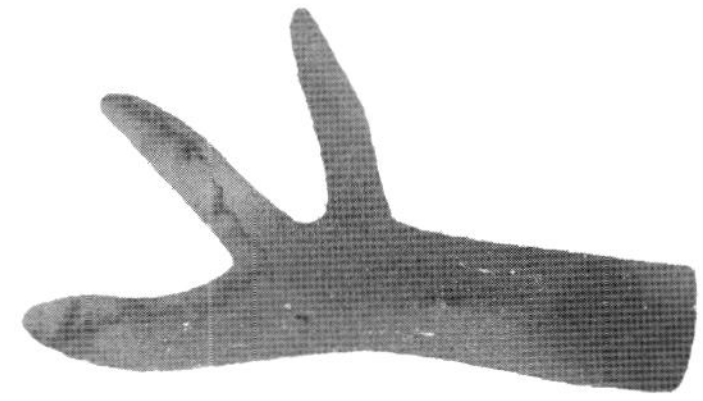

Geweihe

Hirschgeweihe gelten oft als gesunde Leckerei. Sie riechen nicht, enthalten aber jede Menge Kalzium, Phosphor und andere wertvolle Mineralien und Aminosäuren. Geweihe können aber brechen und deinen Hund verletzen.

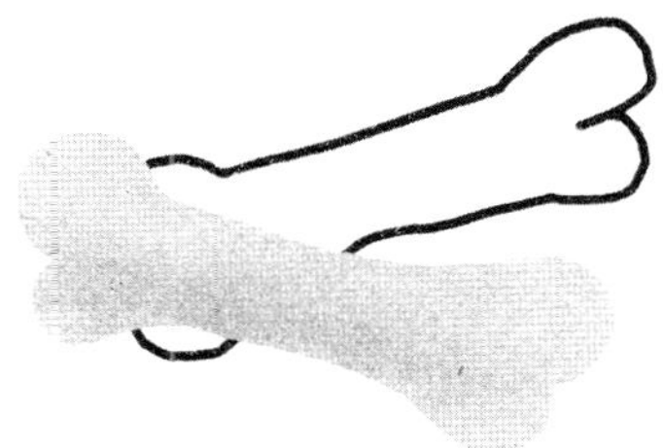

Knochen

Knochen sind ziemlich gefährlich: Röhrenknochen können die Speiseröhre verletzen, gekochte Knochen aller Art zu Darmverschluss führen. Am besten bietest du deinem Hund alternative Kauartikel an.

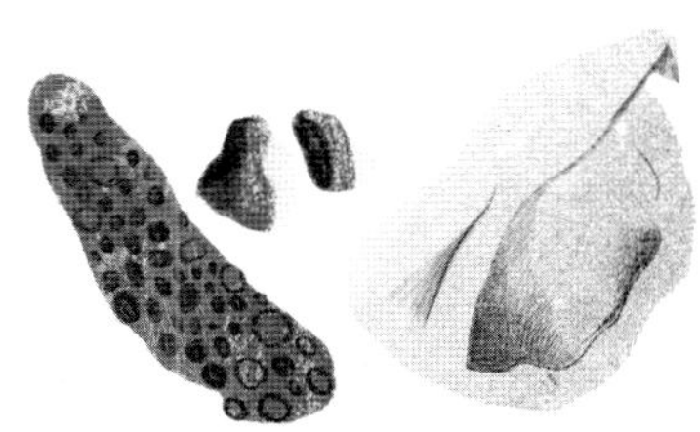

Schwänze und Ohren

Im Fachhandel gibt es getrocknete Schweineohren, Rinderhufe und -schwänze und dergleichen. Dies ist kein Ersatz für Knochen oder Geweihstangen (dafür sind sie zu weich), aber ein willkommener Kau-Snack für zwischendurch.

Warum Hunde gern nagen

Wenn Hunde nagen und ihren Kiefer bewegen, schüttet ihr Körper Glückshormone aus, die entspannend und beruhigend wirken. Kauen ist eine Art Meditation. Aufgeregte oder angespannte Hunde nagen, um sich zu beruhigen. Hunde, die körperlich oder geistig nicht ausgelastet sind, tun es aus Langeweile. Das Nagen ist also völlig normal, nur sollten es nicht unbedingt deine Stiefel sein. Besorge lieber rechtzeitig Dinge, die dein Hund zernagen darf.

Übrigens ist das Nagen auch eine super Zahnpflege und kräftigt das Zahnfleisch!

In ihrer wilden Jugendzeit hat mir Jo einiges an Sachen (und Nerven) geraubt. Aber sie hatte ihren Spaß! Mit anderthalb Jahren wurde sie dann ruhiger. Versuch mal, zu zählen, wie viele Dinge sie mir zerfetzt hat!

Ausbildung und Erziehung

Lange Zeit war in der Hundeerziehung die sogenannte Dominanztheorie führend. Es galt, dem Hund zu zeigen, wer der Herr im Haus ist und das Sagen hat. Man stellte Regeln auf wie: »Der Hund geht niemals zuerst durch die Tür!«, »Erst isst das Herrchen, dann der Hund!« oder »Hunde niemals aufs Sofa«. Auch körperliche Züchtigung, wenn der Hund etwas falsch machte, gehörte dazu. Die moderne Kynologie (Wissenschaft vom Hund) lehnt die Dominanztheorie ab und verfolgt stattdessen das Konzept der positiven Verstärkung. Was bedeutet das?

Der Forscher David Mech untersuchte das Sozialverhalten von Wölfen und glaubte, dass der stärkste und aggressivste Wolf Chef eines Rudels wird, das sogenannte »Alpha-Männchen«. Ein Irrtum, denn Mech hat Wölfe in Gefangenschaft untersucht. Freilebende Rudel verhalten sich ganz anders. Seine Theorie war falsch, brachte aber viele Methoden der Hundeerziehung hervor, die auf Unterwerfung und Gewalt basieren.

Schläge oder Einschüchterung sind keine guten Reaktionen auf Fehlverhalten deines Hundes, sie schaden eurem Verhältnis.

Positive Verstärkung

Die Idee ist es, gute Verhaltensweisen des Hundes zu fördern und Verhaltensweisen, die uns nicht gefallen, zu ignorieren. Der Hund wiederholt eher das, worin er bestärkt wird. Auf diese Weise kann man ihm alles Mögliche beibringen, vom kleinen Kunststück bis zum schwierigen Trick. Und man kann ihm damit gleichzeitig schlechte Angewohnheiten abgewöhnen.

Hunde strengen sich gern an und freuen sich über Lob. Sie verstehen: »Aha! Wenn ich das und das mache, bekomme ich ein Leckerli.« Das Beste an der Methode ist, dass sie die Verbindung zwischen dir und deinem Hund stärkt.

Benutze niemals solche Halsbänder mit Spikes oder Elektroschock-Geräten zur Erziehung oder Verhaltenskorrektur!

Wie belohne ich meinen Hund?

- Am wichtigsten sind Leckerli! Jedes Mal, wenn dein Hund etwas richtig gemacht hat, bekommt er sofort eins. Wenn er eine Sache schon ganz gut beherrscht, belohne ihn nur, wenn er das Kommando besonders toll ausgeführt hat.
- Loben! Sag deinem Hund, wie schlau und brav er ist. Sprich in fröhlichem Tonfall und gib ihm auch ein Leckerli.
- Markerwort oder Clicker (nicht zwingend). Sobald dein Hund etwas richtig ausgeführt hat, drück auf den Clicker oder sag ein Markerwort (z. B. »brav« oder »top«). Er wird das Markerwort (oder Klicken) mit Leckerli assoziieren und verstehen, dass er etwas richtig gemacht hat.

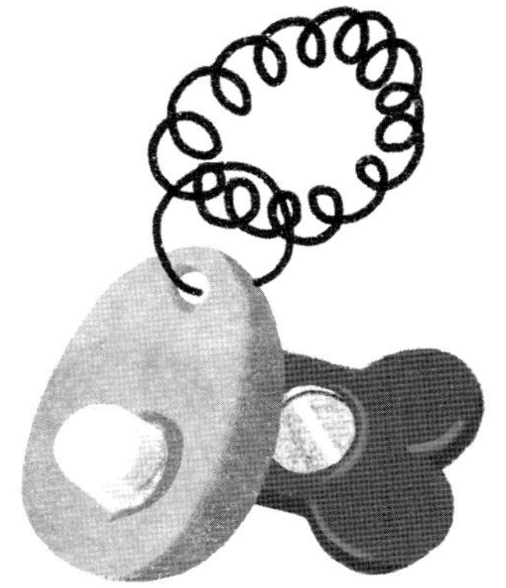

Drückst du auf den Knopf des Clickers, macht er »Klick«. Es gibt verschiedene Clicker, meist werden sie an einem Gummiband ums Handgelenk getragen.

Beginne mit der Erziehung deines Hudes zu Hause, wo nichts ihn ablenkt.

Übt auch draußen zunächst an einem ruhigen Fleck, wo es keine anderen Leute oder Hunde gibt.

Beherrscht dein Hund alles Geübte gut, könnt ihr auch an belebtere Orte gehen.

Welche Leckerli sind geeignet?

- Leckerli müssen echte Leckerbissen sein!
- Es sollten immer kleine Stückchen sein, halb so groß wie dein kleiner Fingernagel. Dein Hund muss sie leicht schlucken können und soll sich nicht überfressen.
- Nimm immer reichlich mit, damit nicht im entscheidenden Moment die Leckerli ausgehen. Ziehe sie von der Tagesration ab.
- Sie sollten gesund und fettarm sein. Es eignen sich Trockenfutter, Hundekekse, Käse, spezielle Hundeleberwurst, gekochtes Fleisch, selten Wurst.

Für unterwegs eignen sich Zip-Beutel oder Gürteltaschen zur Aufbewahrung von Leckerli.

Du kannst deinen Hund allein erziehen oder einen Kurs in einer Hundeschule besuchen, wo er das Gehorchen und die wichtigsten Kommandos lernt. In einigen Bundesländern gibt es einen Hundeführerschein.

Egal ob zu Hause oder in der Hundeschule – die Hundeerziehung schafft eine enge Bindung zwischen dir und deinem Hund. Nach dem Erlernen der Grund-Kommandos kannst du ihm schon Kunststücke beibringen – Hausschuhe holen, Tür aufmachen, Walzer tanzen, Pfötchen geben und so weiter.

Hier sind ein paar nützliche Kommandos für den Anfang:

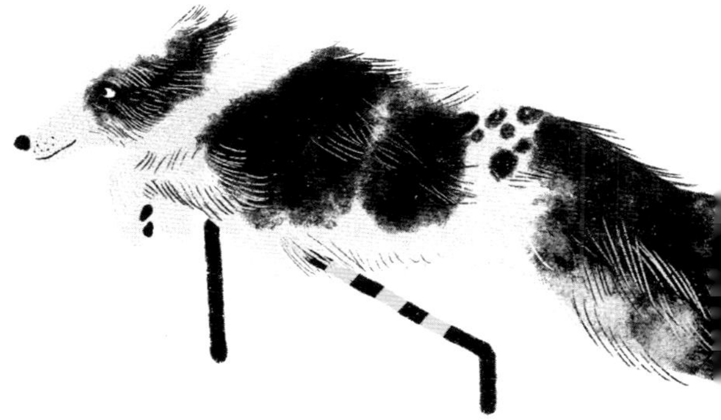

Agility ist eine spezielle Hundesportart, bei der Hunde unter Anleitung ihres Trainers (Hundeführers) schnellstmöglich einen Hindernisparcours durchlaufen. Agility entstand in den 1970er-Jahren in Großbritannien.

Schimpfe niemals mit deinem Hund, wenn er auf dich zuläuft. Auch wenn er dir vorher weggelaufen ist. Der Hund soll mit dem Kommando »Hier!« etwas Positives verbinden.

Hier!

- Dies ist das Wichtigste und schwierigste Kommando. Solange dein Hund nicht hundertprozentig darauf hört, darf er nur in eingezäuntem Gelände von der Leine.
- Zeig dem Hund ein Leckerli.
- Ruf ihn zu dir, sprich das Kommando nur einmal aus.
- Wenn er kommt, lobe und belohne ihn mit dem Leckerli.

Sitz!

- Zeig deinem Hund ein Leckerli, lass ihn daran schnuppern.
- Sag: »Sitz!«.
- Halte das Leckerli über den Kopf deines Hundes. Lass es abwärts sinken, sodass er den Kopf in den Nacken legt. Er setzt sich automatisch hin.
- Lobe ihn, gib ihm das Leckerli.

Platz!

- Zeig deinem Hund ein Leckerli.
- Sag: »Platz!«.
- Halte die Hand mit dem Leckerli dicht über dem Boden. Wenn dein Hund sich nicht hinlegt, mach eine Faust, lege sie auf den Boden.
- Gib das Leckerli frei, sobald er sich hinlegt. Lobe ihn.

Bei Fuß!

- Halte deinem Hund ein Leckerli so hin, dass er sich neben dein Bein stellt.
- Halte das Leckerli in Höhe der Hundeschnauze dicht am Bein.
- Gehe ein paar Schritte. Halte an. Ist dein Hund weitergegangen, warte, bis er zurückkommt. Gib ihm das Leckerli.
- Wiederhole diese Übung. Wenn dein Hund sie schon gut beherrscht, erhöhe den Schwierigkeitsgrad, laufe im Bogen oder in Schlangenlinien.

Ausbildung und Erziehung sind nicht dasselbe. Ein Hund, der viele Kommandos befolgen kann, ist nicht automatisch gut erzogen. Das ist er erst, wenn man gut und angenehm mit ihm zusammenleben kann. Um das zu erreichen, musst du mit deinem Hund immer weiter trainieren.

Wenn dein Hund zum Beispiel am Tisch bettelt, winselt und etwas vom Essen will, und du lässt dich erweichen und gibst ihm was: Aha! Für deinen Hund heißt das, es hat funktioniert, das nächste Mal wird er noch etwas lauter winseln. Grundsätzlich solltest du nicht vom Tisch füttern.

Zuneigung kannst du deinem Hund auch anders zeigen. Kommst du nach längerer Abwesenheit nach Hause, freut er sich so sehr, dass du Mühe haben wirst, Jacke und Schuhe auszuziehen und ihn zur Ruhe zu bringen. Endlich bekommt er deine Aufmerksamkeit! Auch in dieser Situation ist es besser, zu warten, bis er ruhig sitzt. Erst dann streichle und begrüße ihn.

- *Wende nie körperliche Gewalt an.*
- *Das Training muss allen Spaß machen – deinem Hund und dir.*
- *Achte auf deinen Hund. Wird er müde oder unkonzentriert, braucht er eine Pause oder hat genug für den Tag.*

Jo kann eine Menge! Sie ist kein Zirkushund, hat aber viele Tricks drauf. Worauf ich allerdings am meisten stolz bin, ist, wie gut wir in Kontakt sind. Selbst wenn sie wild über Felder oder durch hohes Gras jagt, hält sie alle zwei, drei Minuten nach mir Ausschau. Sie dreht sich dann um, schaut und läuft zu mir. Ich freue mich jedes Mal, streichle und umarme sie.

Dein Hund mit anderen Hunden

Welpen vertragen sich meist prima mit anderen Hunden, sie lieben neue Bekanntschaften und Spiele. Werden sie größer, kann sich ihr Verhältnis zu den Artgenossen wandeln: Die einen bleiben kontaktfreudig, andere können fremde Hunde nicht leiden. Wieder andere vertragen sich nur mit ihren alten Freunden und nehmen von allen anderen keine Notiz. Generell ist der Kontakt mit Artgenossen für eine normale Entwicklung von Hunden wichtig. Sie kommunizieren untereinander über die Körpersprache. Hunde, die isoliert aufwachsen, können diese wichtige Fähigkeit nicht erlernen. Die Grundlagen der Hundesprache sind Mimik und Gestik. Diese können verschieden ausfallen, mal sind sie kaum zu bemerken, mal bestehen sie aus einer ganzen Kette von Bewegungsabläufen.

Die norwegische Hundeforscherin Turid Rugaas beschrieb die »Beschwichtigungssignale« in den 1990er-Jahren. Gemeinsam mit Kolleginnen und Kollegen hatte sie jahrelang die Kommunikation von Hunden untersucht.

Ist dein Hund friedlich und geht Konflikten lieber aus dem Weg, sendet er »Beschwichtigungssignale« aus. An fremde Hunde genauso wie an Menschen.

Ungefähr dreißig solcher Signale sind bekannt: der Hund wendet sich ab und schaut zur Seite, er dreht sich seitlich oder nach hinten, vermeidet Blickkontakt, leckt sich, gähnt, setzt oder legt sich hin, wenn er einen unbekannten Hund sieht, schnüffelt am Boden, verlangsamt seine Bewegungen. Dem fremden Hund nähert er sich nicht direkt, sondern in einem Bogen von hinten.

Erlaube deinem Hund den Austausch mit anderen. Aber beobachte genau seine Körpersprache: Will er gerade kommunizieren oder nicht?

Wie mache ich meinen Hund mit anderen Hunden bekannt?

- Frage immer das andere Frauchen oder Herrchen, ob eure Hunde sich kennenlernen dürfen. Ihr Hund könnte krank oder in Quarantäne sein oder sich Artgenossen gegenüber aggressiv verhalten. Manchmal haben die Besitzerin oder der Besitzer auch einfach gerade keine Zeit.
- Beobachte die Körpersprache deines und des fremden Hundes genau. Wie reagieren sie aufeinander?
- Die Hunde senden oft schon Signale aus, wenn sie noch weit voneinander entfernt sind. Gib ihnen genügend Zeit für ihr Begrüßungsritual, dann läuft alles ruhig ab.
- Lass die Leine lose hängen, nicht spannen.
- Wenn auf die Begrüßung kein Spiel folgt, gehe mit deinem Hund ruhig weiter.
- Hunde, die sich kennenlernen, spielen miteinander: Sie balgen sich, spielen Fangen, beißen sich spielerisch, ohne sich zu verletzen, knurren oder bellen sich an. Ihre Rollen ändern sich dabei ständig, mal jagt dein Hund den fremden, mal wird er selbst gejagt. Wechseln sie sich nicht ab, ist Vorsicht angebracht. Ruf deinen Hund zu dir. Wenn nach einer Pause nicht beide Hunde ihr Spiel fortsetzen wollen, geht weiter spazieren.
- Sind die Tiere unterschiedlich groß, sei besonders aufmerksam. Im Eifer des Gefechts kann ein sehr großer Hund einen kleineren schnell verletzen.

Jo mag alle – Kinder, Erwachsene, Hunde und sogar Katzen. Und alle mögen sie, die Katzen vielleicht ausgenommen. Nachdem Jo keine Angst mehr hatte rauszugehen, wurden unsere Spaziergänge sehr aufregend. Ein Jahr lang hatte ich vor Jo in meiner Wohnung gewohnt und kannte eigentlich niemanden. Dank Jo kenne ich jetzt alle Nachbarn und fast alle Frauchen und Herrchen mit ihren Hunden in der weiteren Umgebung.

Alle Nachbarskinder zwischen zwei und fünf lieben Jo über alles. An dunklen Winterabenden spielt sie mit ihnen Ball auf dem Basketballplatz. Jo hat auch eine beste Freundin, Koriza, das bedeutet »Zimt«. Ihr Fell ist zimtbraun, ihre Nase olivgrün. Sie ist ein Mischling wie Jo, aber ihre Besitzer sagen, sie sei ein Australischer Oliven-Schäferhund. Eine echte Schönheit!

Hundepflege

Fell

Wasche deinen Hund nur, wenn es wirklich nötig ist. Wenn sein Fell schmutzig oder fettig ist oder riecht, ab in die Wanne! Manchmal lohnt sich der Gang zum Hundefriseur. Dort kann dein Hund neu frisiert oder sein Fell (wenn es lang ist) getrimmt werden. Auch die Krallen schneidet der Hundefriseur.

Kämme oder bürste das Fell regelmäßig. Wie oft, hängt von der Länge ab und davon, ob gerade Fellwechselzeit ist. Beim Bürsten befreist du deinen Hund von ausgefallenen Haaren, das neue Fell kann besser wachsen, die Haut des Hundes wird massiert und er wird weniger Haare auf Möbeln und Teppichen hinterlassen!

Untersuche deinen Hund regelmäßig. Verbinde das Angenehme mit dem Nützlichen – während du ihn streichelst (oder ihm eine richtige Hundemassage verpasst), schau nach Hautreizungen, Kratzern, Bissen, Beulen oder Geschwüren.

Benutze nur spezielles Hundeshampoo, das Fell und Haut nicht angreift.

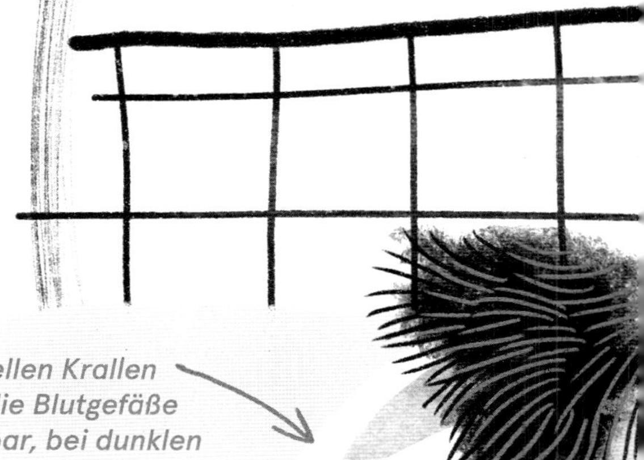

Bei hellen Krallen sind die Blutgefäße sichtbar, bei dunklen nicht.

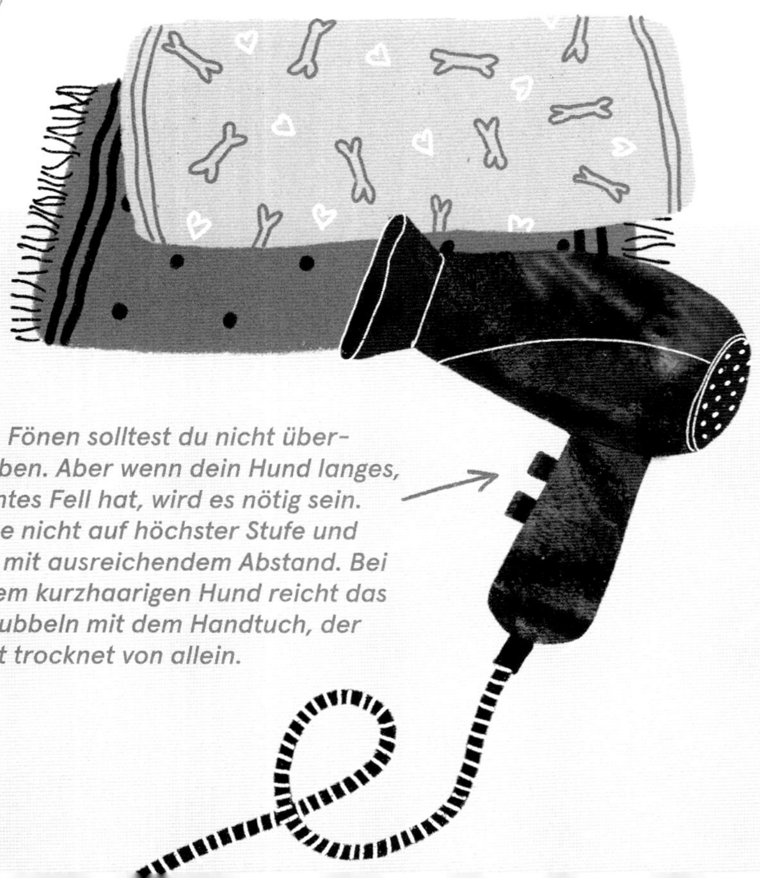

Das Fönen solltest du nicht übertreiben. Aber wenn dein Hund langes, dichtes Fell hat, wird es nötig sein. Föne nicht auf höchster Stufe und nur mit ausreichendem Abstand. Bei einem kurzhaarigen Hund reicht das Abrubbeln mit dem Handtuch, der Rest trocknet von allein.

Krallen

hier schneiden

Wenn dein Hund sie nicht beim Laufen selbst abwetzt, müssen seine Krallen regelmäßig geschnitten werden. Vorsicht mit der Krallenschere! Verletzt du ein Blutgefäß, tut es deinem Hund weh.

Zähne

Auf den Zähnen bildet sich Belag, später Zahnstein. Checke regelmäßig das Gebiss deines Hundes. Zahnbelag kannst du einfach zu Hause entfernen, bei starkem Zahnstein muss der Tierarzt mit Ultraschall ran.

Hunde haben 42 Zähne: 20 oben, 22 unten.

Für die Entfernung von Zahnbelag gibt es spezielle Hundezahnpasta und -bürsten.

Gib deinem Hund während und nach der Körperpflege Leckerli, damit er damit etwas Positives verbindet.

Hast du versehentlich ein Blutgefäß getroffen, stille die Blutung mit einem Wattepad oder Wattestäbchen.

Hat dein Hund Angst vor dem Krallenschneiden, versuch es mit einem elektrischen Krallenschleifer.

Oh, wie Jo haart! Überall Fell – auf dem Boden, auf Sofa und Sesseln, an meinen Sachen und manchmal sogar in der Suppe! Sie verliert ihr Fell nicht nur zweimal im Jahr, sondern ständig. Ich hab es mit Futterumstellung und Vitaminen versucht und war deswegen bei unserer Tierärztin. Sie glaubt, dass das Haaren bei Jo genetisch bedingt ist. Keine Ahnung, ob das stimmt, aber seit ich Jo habe, ist der Staubsauger mein bester Freund! Und Fusselrollen mag ich auch!

Wenn dein Hund krank ist

Wie Menschen werden auch Hunde manchmal krank. Tierarztpraxen mögen sie nicht besonders, die meisten haben Angst, dort zu sein, denn Behandlungen sind oft unangenehm oder sogar schmerzhaft. Dennoch sind regelmäßige Tierarztbesuche nötig – für Untersuchungen, Impfungen, die Behandlung chronischer Krankheiten und unvorhergesehener Notfälle. Dein Hund kann sich vergiften, verletzen und mit einer Krankheit infizieren. Oder es beißt ihn eine Zecke oder ein anderer Hund.

Damit die Tierarztbesuche nicht zu einer Qual für dich und deinen Hund werden, ist es sinnvoll, ihn schon als Welpe daran zu gewöhnen. Such eine gute Tierarztpraxis in eurer Nähe und sieh dich mit dem Welpen dort um. Einfach so, ohne Anlass, lass ihn alles beschnuppern, gib ihm ein paar Leckerli, und dann geht ihr weiter. Wenn ihr das einige Male macht, wird der Hund die Praxis als ganz gewöhnlichen Ort empfinden und es bei späteren Tierarztbesuchen leichter haben.

Dies ist eine Station für Tiere, die in der Praxis oder Klinik unter Beobachtung bleiben.

Ultraschall-Zimmer

Hier warten die Tiere mit Herrchen oder Frauchen.

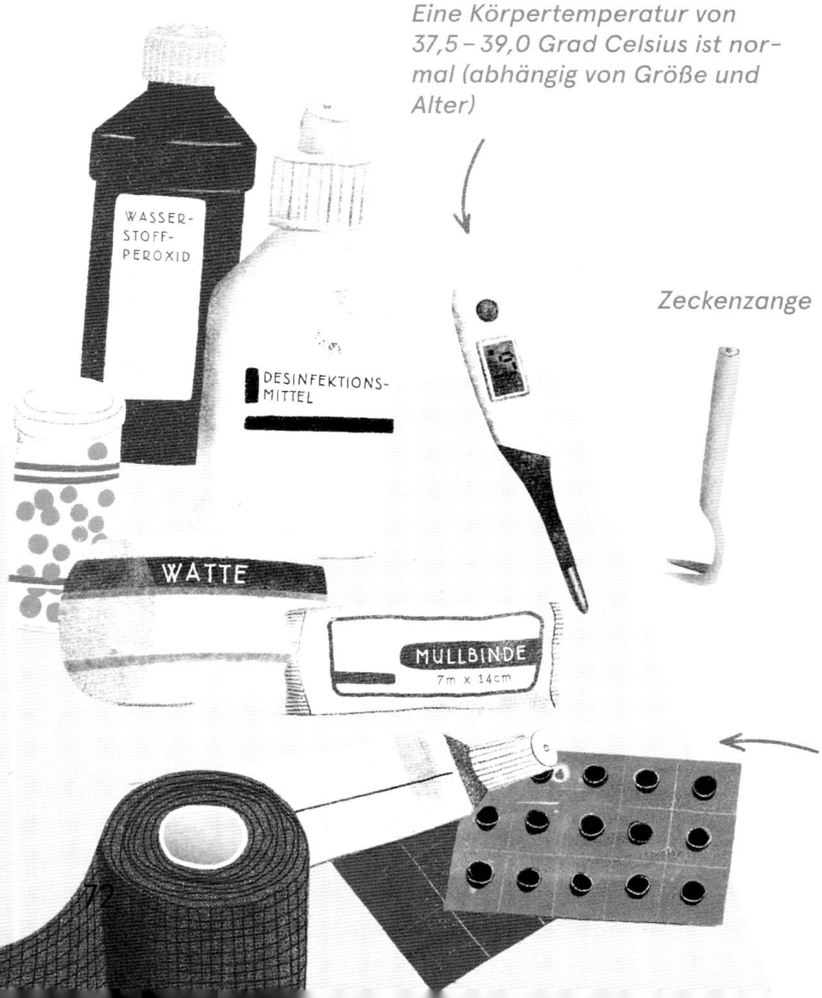

Eine Körpertemperatur von 37,5 – 39,0 Grad Celsius ist normal (abhängig von Größe und Alter)

Zeckenzange

Das sollte die Hausapotheke enthalten.

Dieses kleine Milbentier ist eine Zecke. Zecken können gefährliche Erkrankungen übertragen.

Suche deinen Hund während der Zeckensaison (Februar bis Oktober, in manchen Gegenden ganzjährig) nach jedem Spaziergang ab. Sollte er nach einem Zeckenbiss krank werden, geh mit ihm zum Tierarzt. Dieser kann ihn untersuchen und schnell behandeln. Verwende Anti-Zecken-Mittel, Tropfen, Halsbänder oder Spray.

Zecken verstecken sich in hohem Gras, deshalb ist das Risiko im Wald und auf Wiesen größer. Aber auch im Stadtpark gibt es Zecken.

Lass deinen Hund regelmäßig impfen!
Entwurme ihn regelmäßig!
Lass ihn regelmäßig beim Tierarzt untersuchen!
In Notfällen solltest du mit deinem Hund schnell zum Tierarzt gehen!

Jo und ich sind regelmäßig bei unserer Tierärztin – wenn sie geimpft werden muss, in Glasscherben getreten ist oder eine Katze ihr die Nase zerkratzt hat. Der schlimmste Anlass war ein Zeckenbiss letztes Frühjahr. Jo war sehr träge und bekam Fieber, fast 40 Grad Celsius! Sie hatte Babesiose, eine Woche lang wussten wir nicht, ob sie durchkommt, ganz geheilt war sie erst nach einem Monat. Wie froh ich war, als sie das erste Mal wieder fraß und vorsichtig mit dem Schwanz wedelte!

Mit deinem Hund verreisen

Fährt deine Familie oft in den Urlaub? Könnt ihr euren Hund mitnehmen oder kümmern sich Freunde oder Verwandte in der Zeit um ihn? Vielleicht müsst ihr den Hund in eine Tierpension geben, solange ihr unterwegs seid.

Auch ohne lange Reisen ist es manchmal nötig, mit Auto, Bus oder Bahn zu fahren – in den Park, zu Feunden, ins Wochenendhaus. Damit dein Hund sich dabei wohlfühlt, ist es wichtig, ihn schon als Welpen daran zu gewöhnen.

Für jedes Fortbewegungsmittel gelten eigene Verhaltens- und Sicherheitsregeln.

Für Auslandsreisen innerhalb der EU muss euer Vierbeiner einen Mikrochip und einen EU-Heimtierpass haben. Darin stehen alle notwendigen Angaben zum Hund, außerdem eure Telefonnummer und Adresse. Besonders wichtig sind die Nachweise über Impfungen, die der Pass enthält. Ohne gültige Tollwut-Impfung dürfen Hunde nicht verreisen.

Hunde niemals allein im Auto lassen! Auch bei kühlem Wetter kann die Sonne das Auto stark aufheizen und der Hund an einem Hitzschlag sterben.

Auto

Hunde sollten nicht ungesichert Auto fahren. Für kleine Hunde gibt es Transportboxen oder Tragetaschen zum Anschnallen. Für größere eignen sich Trenngitter oder Käfige im Kofferraum.

Bus und S-Bahn

Dein Hund muss kurz angeleint sein und oftmals einen Maulkorb tragen. Bei den meisten Verkehrsunternehmen müssen zumindest große Hunde einen eigenen Fahrschein lösen. Erkundige dich am besten, bevor ihr die Reise beginnt!

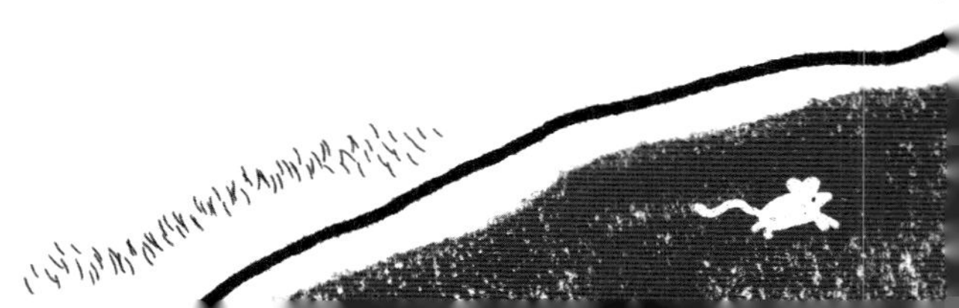

Flugzeug

In der Kabine dürfen in der Regel nur Hunde reisen, die leichter sind als fünf bis acht Kilogramm (je nach Fluggesellschaft). Sie müssen in einer Transportbox sein, die während des Fluges verschlossen bleibt.

Für große Hunde gibt es Käfige im Frachtraum, die ihr rechtzeitig buchen müsst. Überlegt euch gut, ob ihr mit eurem Hund fliegen müsst, denn Flüge sind für Hunde purer Stress. Frag deinen Tierarzt, welche Beruhigungsmittel helfen.

Fernzüge

Im ICE oder IC gelten grundsätzlich ähnliche Bestimmungen wie im Nahverkehr. Für lange Strecken reserviere am besten einen Sitzplatz für dich (nicht am Vierertisch, dort sind zu viele Leute). Dein Hund braucht einen ruhigen Platz unter dem Sitz. Außerdem müssen Hunde, die nicht in einer Transportbox reisen, einen Maulkorb tragen.

Regionalbahn

Kleine Hunde in einer Transportbox reisen in der Regel kostenlos. Große müssen angeleint sein und brauchen einen Fahrschein, meist einen Kinderfahrschein zu 50 Prozent des Normalpreises.

U-Bahn

Kleine Hunde in Transportkörben fahren kostenlos, große brauchen ein Ticket, eine Leine und z. B. in Berlin auch einen Maulkorb.

Jo und ich fahren oft mit dem Vorortzug, das ist jedes Mal ein Abenteuer. Alle finden Jo sympathisch – Kinder, Omas und Opas, Obdachlose. An ein Erlebnis kann ich mich besonders gut erinnern.

Es ist Frühsommer. Jo und ich fahren aufs Land, beide wie aus dem Ei gepellt. Ich trage ein neues Kleid, meine bunten Lieblingsturnschuhe, einen großen Rucksack und eine Gürteltasche. Jo ihr modisches Halsband, einen passenden Maulkorb und neues Hundegeschirr. Ihr weißes Fell glänzt – eine strahlende Schönheit!

Schon eine Stunde sind wir unterwegs, es ist heiß, ich fülle Wasser in Jos Napf und sie trinkt, lässt aber etwas übrig. Als unsere Haltestelle kommt, bepacke ich mich mit all unseren Sachen und stapfe zur Ausgangstür. Die halb volle Wasserschüssel halte ich vor mir in der Hand, um sie draußen auszuschütten. Eine Frau betrachtet Jo und mich von oben bis unten, dann greift sie in die Tasche und legt ein paar Münzen in den Trinknapf. »Ich gebe sonst nie was«, sagt sie, »aber bei so einem hübschen Hund mache ich eine Ausnahme.«

Tja, wir schlagen uns so durch.

Was deinem Hund Angst macht

Alle Hunde sind verschieden. Es gibt unerschrockene, denen gar nichts Angst macht, und ganz furchtsame, für die das Leben voller Gefahren ist. Hunde können vor allem Angst haben vor Geräuschen, Leuten, anderen Hunden, Autos und Dingen aller Art.

Manche Ängste beruhen auf schlechten Erlebnissen. Ein Hund, der als Welpe vom Hausmeister mit einem Besen verscheucht wurde, hat vielleicht noch als erwachsener Hund Angst vor Männern mit Bart. Dinge, die die meisten Hunde fürchten, sind Gewitter und Feuerwerk.

Wie kann man ängstlichen Hunden helfen? Sie brauchen eine klare Struktur und regelmäßige Abläufe. Wichtig ist, dass dein Hund Vertrauen zu dir hat, das gibt ihm Sicherheit. Gib ihm Aufgaben, lobe ihn, damit er sich gebraucht fühlt.

An einigen Ängsten kannst du mit deinem Hund arbeiten, andere musst du einfach akzeptieren (oder ihnen aus dem Weg gehen).

»Gegenkonditionierung« ist eine bewährte Methode zur Überwindung von Ängsten. Man zeigt dem Hund von ferne etwas, das ihm Angst macht, gibt ihm ein Leckerli, geht langsam näher heran, gibt wieder Leckerli usw. Auf diese Weise wird Furcht durch positive Erfahrungen ersetzt.

Das Wichtigste ist, nichts zu erzwingen, um Ängste nicht zu verschlimmern. Bei größeren Problemen kann ein Tierpsychologe weiterhelfen.

Schimpfe niemals mit deinem Hund, wenn er Angst hat! Zeig ihm, dass du seine Furcht wahrnimmst, streichle ihn, rede mit ruhiger Stimme.

Du musst seine Angst nicht ignorieren, aber bestärke ihn auch nicht darin, sonst denkt er, die Situation sei wirklich gefährlich.

Anzeichen für Angst – dein Hund:

Das Gehör eines Hundes ist viel schärfer als das menschliche – Menschen hören Töne zwischen 20 und 20 000 Hertz, bei Hunden ist der Bereich viel größer, zwischen 12 und 65 000 Hertz. Sie hören sogar Geräusche, die mehrere Hundert Meter entfernt sind. Wegen ihrer Geräuschempfindlichkeit ist Krach für Hunde unangenehm und schmerzhaft.

Feuerwerk

An Silvester gehen in den Städten viele Hunde verloren. Wenn am Himmel Raketen explodieren, reißen sie an ihrer Leine oder zwängen sich irgendwie aus dem Geschirr heraus und rennen in panischer Angst auf und davon. Was kannst du tun, um deinem Hund an diesem Tag zu helfen?

- Dein Hund sollte immer eine Marke tragen.
- Lass deinen Hund nicht von der Leine.
- Ändert eure Routine. Unternehmt morgens und tagsüber einen langen Spaziergang. Am Abend geht ihr am besten nur kurz raus.
- Wenn der Tierarzt sein Okay gibt, kannst du deinem Hund in besonders schlimmen Fällen Beruhigungsmittel geben.

Gewitter

Hunde können herannahende Gewitter spüren, lange bevor der erste Donner zu hören ist. Auch hier kannst du etwas tun, um deinen Hund zu beruhigen:

- Sagt der Wetterbericht Gewitter an, geht rechtzeitig vorher spazieren.
- Dein Hund braucht in der Wohnung einen sicheren Unterschlupf, wo er sich verstecken kann.
- Lenke ihn vom Donner ab, stell laute Musik an oder den Fernseher.
- Versuch, ihn mit einem Spiel abzulenken, rede mit ihm, gib ihm Leckerli.
- Du kannst auch versuchen, deinen Hund an Gewitter zu gewöhnen. Nimm Donnergeräusche auf und spiel sie ihm vor, jedes Mal etwas lauter, dann gib ihm Leckerli. Die Methode klappt aber nicht bei jedem Hund.

Jo fährt gerne Auto und (weniger gern) auch Zug. Aber Straßenbahnen sind für sie die schrecklichsten Monster der Welt!

Sie rasseln, klirren, rumpeln, blitzen und sprühen Funken – echte Drachen in der Hundewelt!

An ihnen rasen wir immer vorbei. Das heißt Jo rast wie angestochen, ohne Rücksicht auf Verluste, und ich versuche am anderen Ende der Leine, irgendwie Schritt zu halten.

Ich hoffe noch, dass Jo ihre Angst irgendwann überwindet, und gehe mit ihr zum Tiertherapeuten, aber bislang ohne Erfolg. Vielleicht werden wir also ewig vor Straßenbahnen wegrennen müssen.

Verhaltensprobleme und Lösungen

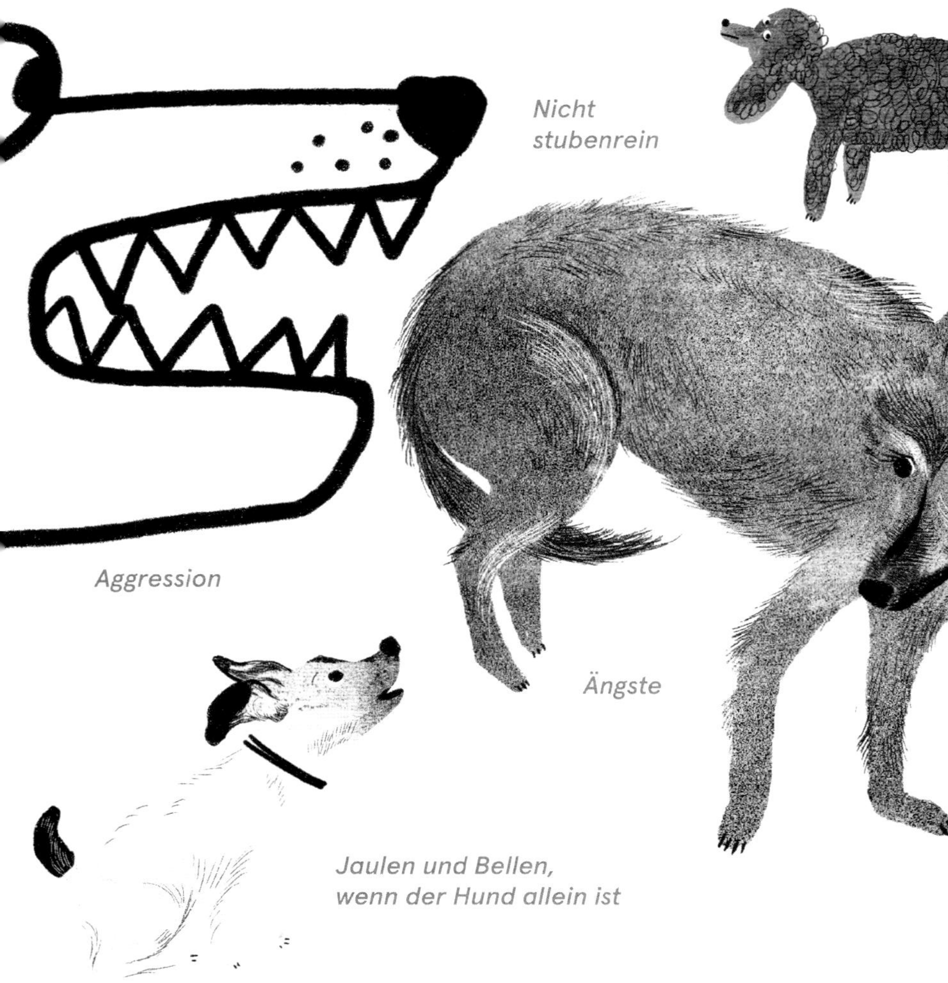

Nicht stubenrein

Aggression

Ängste

Jaulen und Bellen, wenn der Hund allein ist

Hundetrainer helfen bei der Erziehung, bringen Hunden bei, zu gehorchen und Kommandos auszuführen.

Wer sich einen Hund anschafft, träumt oft von einem idealen Partner auf vier Pfoten, einem ruhigen Gefährten, der Frauchen oder Herrchen fast wortlos versteht. Solche Hunde gibt es natürlich. Damit sich dein Hund diesem Ideal annähert, musst du viel Zeit und Mühe in seine Erziehung stecken. Häufig genug sind wir mit dieser Aufgabe erst mal überfordert.

Die meisten Hunde verhalten sich nämlich gar nicht ideal. Wobei sie das, was wir für ein Problem halten, ganz normal finden: Nagen, scharren, bellen und sich im Schmutz wälzen – das ist alles ganz normales Hundeverhalten. Daran sollten wir immer denken.

Aber es gibt Verhaltensweisen, die nicht nur uns, sondern dem Tier selbst das Leben schwer machen: Aggression gegen andere Hunde oder Menschen, mangelnde Stubenreinheit, Ängste (vor Krach, Einsamkeit, Dingen), Hyperaktivität, Sachen zerbeißen, Essensreste von der Straße fressen. An solchen Problemen muss man arbeiten, sie lösen sich nicht von allein.

Essensreste von der Straße fressen

Sachen zerbeißen

Was tun?

Sprich mit dem Tierarzt. Verhaltensstörungen hängen oft mit gesundheitlichen Problemen zusammen. Wenn dein Hund z. B. in die Wohnung macht oder sich aggressiv verhält, hat er vielleicht Schmerzen.

Sind gesundheitliche Ursachen ausgeschlossen, kannst du versuchen, die Probleme selbstständig anzugehen. Inzwischen gibt es eine Menge Ratgeber zur Lösung häufiger Verhaltensprobleme bei Hunden.

Wenn du so nicht weiterkommst, wende dich an Tiertherapeuten.

Die Hundetherapeutin ist Spezialistin für das Verhalten von Hunden. Sie ergründet die Ursachen von Störungen und versucht, sie zu korrigieren.*

Hyperaktivität

Achte bei der Suche nach Tiertherapeuten auf ihre Methoden (keine Gewalt, kein Zwang), ihre Erfahrung und auf Empfehlungen. Viele Tiertherapeuten arbeiten stärker mit Frauchen und Herrchen als mit dem Hund und helfen ihnen dabei, das Beste aus der Beziehung mit ihrem Tier herauszuholen.

**Treffender ist die Bezeichnung Tiertherapeutin. Menschen mit diesem Beruf behandeln in der Regel auch Katzen und andere Tiere.*

Jo ist von Natur aus ein ängstlicher Hund, wer weiß, was sie in ihrer Welpenzeit Schlimmes durchmachen musste. Sie wird also nie im Leben besonders waghalsig oder mutig werden. Jos Probleme haben meist mit ihren Ängsten zu tun. Wenn sie eine Straßenbahn sieht, reißt sie wie wild an der Leine. Komme ich mit der Krallenschere an, versteckt sie sich.

Aber ich mag sie, wie sie ist! Jo ist ein wundervoller Hund, sanft und liebevoll und zu allen freundlich. Gemeinsam sind wir unschlagbar, ein super Team!

10

Wenn dein Hund älter wird

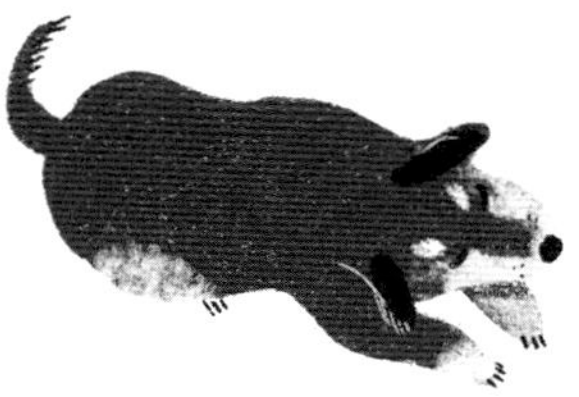

Der offiziell älteste Hund der Welt war bis vor kurzem ein Australian Cattle Dog namens Bluey. Laut Guinnessbuch der Rekorde lebte er von 1910 bis 1939, genau 29 Jahre und 160 Tage lang. Seine Artgenossen werden in der Regel höchstens halb so alt.

Der neue Rekordhalter kommt aus Portugal: Bobi, ein Hütehund, wurde am 11. Mai 1992 geboren. 2023 starb er im Alter von 31 Jahren.

Hunde kleinerer Rassen entwickeln sich schnell und werden schon mit einem Jahr erwachsen, bei mittleren und großen dauert es länger. Sehr große Tiere benehmen sich oft noch als Zweijährige wie Welpen. Ein Hundeleben ist viel kürzer als ein Menschenleben: gerade noch ein kleiner Welpe, wird der Hund bald zum aufgeweckten Teenager und schließlich zum selbstbewussten Erwachsenen. Ein paar Jahre später kommen die ersten Alterserscheinungen.

Hunde leben im Schnitt zehn bis 14 Jahre, immer abhängig von Größe und Rasse. Kleine Hunde altern früher, leben aber meistens länger. Kleine Rassen können 14 bis 17 Jahre alt werden, sehr große, z. B. Doggen, eher nur acht bis zehn. Entsprechend unterschiedlich zeigen sich Alterserscheinungen früher oder später.

Alterserscheinungen

- Das Verhalten deines Hundes ändert sich. Er wird ruhiger, schläft lieber, als zu spielen. Möglicherweise meidet er andere Hunde.
- Er wird mürrischer. Vielleicht knurrt und winselt er, wenn ihm etwas nicht passt.
- Gehör, Sehvermögen und Geruchsempfinden lassen nach. Manchmal befolgt dein Hund die Kommandos schlechter, weil er sie nicht gut hört.
- Er kann Zahn- und Gelenkprobleme bekommen. Vielleicht müsst ihr häufiger zum Tierarzt.
- Das Fell ergraut und verliert etwas an Fülle und Glanz.

Oft rechnet man ein Menschenjahr in sieben Hundejahre um. Das ist aber falsch, weil Hunde verschiedener Rassen unterschiedliche Lebenserwartungen haben.

Wie pflege ich meinen Hund am besten, wenn er älter wird?

- Geht regelmäßig zu Vorsorgeuntersuchungen beim Tierarzt. So können Krankheiten früh erkannt, geheilt oder zumindest eingedämmt werden.
- Sorge für die körperliche und geistige Fitness deines Hundes. Geh mit ihm spazieren, probiere neue Routen aus, trainiere und spiele weiter mit ihm, überfordere ihn aber nicht.
- Achte auf die Ernährung, damit dein Hund nicht zu dick wird.
- Eine regelmäßige und klare Tagesstruktur gibt deinem Hund Sicherheit und Stabilität und hilft, Stress zu vermeiden.

Die Zeit mit deinem Hund ist kostbar. Geht spazieren, spielt und kuschelt so oft wie möglich.

Als junge Hündin war Jo ziemlich tollpatschig. Ich erinnere mich, wie sie um Baumstämme herumrannte, bis sie mit ihrer Leine festhing. Wie sie auf jedes Kind und jeden Hund losstürmte und einfach nicht hörte, wenn ich sie zurückrief. Ich dachte damals: »Oh Gott, wie dumm mein Hund ist!«

Und dann wurde sie erwachsen und vernünftig. Auf einmal hatte ich einen klugen Hund an meiner Seite, der auf fast jedes meiner Worte hört und mich manchmal sogar wortlos versteht. Rede mit deinem Hund so viel wie möglich. Ihr werdet euch immer besser verstehen.

Das Allerwichtigste

»Fünf Freiheiten für Tiere« nennt sich ein internationales Konzept für das Tierwohl, das 1993 in Großbritannien veröffentlicht wurde. Es betrifft alle Haus- und Nutztiere, also auch Hunde. Die Fünf Freiheiten sind Grundtierrechte – das Mindeste, was Tierhalter für die Gesundheit und das Wohlbefinden ihrer Haustiere gewährleisten müssen. Die Hauptprobleme im Verhalten von Hunden sind auf Verletzungen dieser Rechte zurückzuführen.

1822 verabschiedete das britische Parlament ein Gesetz gegen Grausamkeit an Tieren. Dessen Initiator, der Ire Richard Martin, vertrat seine Tierrechts-Ideen auch auf den Straßen Londons. Karikaturisten zeichneten ihn deshalb gern mit Eselsohren.

1 Freiheit von Hunger und Durst

Hunde müssen ausgewogenes und hochwertiges Futter bekommen und immer Zugang zu frischem Wasser haben.

2 Freiheit von Unbehagen

Hunde müssen einen bequemen und sicheren Rückzugsort in der Wohnung oder auf dem Grundstück haben.

3 Freiheit von Verletzung und Krankheit

Notwendige tierärztliche Behandlungen müssen gewährleistet sein, der Hund darf nicht leiden.

4 Freiheit zum Ausleben normalen Verhaltens*

Der Hund muss Hund sein dürfen! Also viel laufen, Artgenossen treffen, schnüffeln, scharren, bellen können.

5 Freiheit von Angst und Leiden

Hunde dürfen nicht körperlich oder psychisch gequält werden, nicht unter Stress oder Langeweile leiden. Sie müssen genügend Beschäftigung haben.

**Normales Verhalten meint, Tiere müssen ihrer Natur entsprechend leben dürfen.*

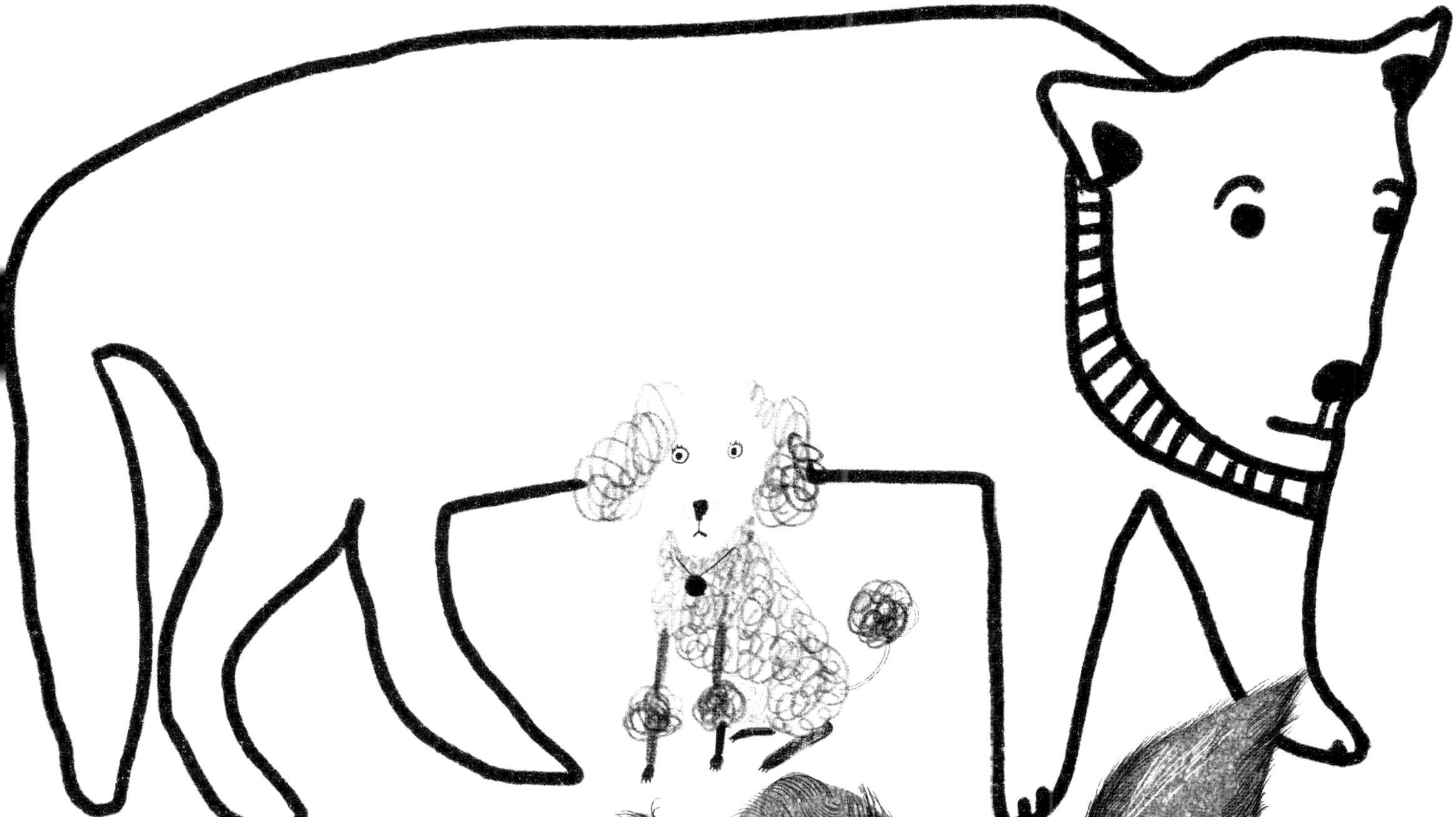

Sich einen Hund anzuschaffen will gut überlegt sein. Ist deine Familie bereit für diese große Verantwortung?

Bedenke, dass ein Hund kein Spielzeug ist, sondern ein Lebewesen mit eigenem Charakter und Besonderheiten. Du musst dich täglich um ihn kümmern – und das für viele Jahre. Bereite dich gründlich darauf vor. Gib deinem Hund und dir selbst Zeit, euch aneinander zu gewöhnen, sei nicht enttäuscht, wenn am Anfang nicht alles glatt geht. Beobachte ihn, lerne seinen Charakter, seine Gewohnheiten, Vorlieben und Abneigungen kennen. Erziehe und fördere ihn so, dass ihr beide daran Freude habt. Schimpfe nicht mit deinem Hund und bestrafe ihn nicht, wenn er sich falsch verhält, sondern überlege, wie sich Fehlverhalten von vornherein vermeiden lässt.

Wende dich bei Problemen an Fachleute: Tierärzte, Hundetrainer und Tiertherapeuten helfen dir. Mache dich selbst kundig, lies Bücher und Blogs von Hundekennern.

Und die Hauptsache: liebe deinen Hund und versuche, sein bester Freund zu sein. Schließlich sind Hunde ganz wunderbare Wesen, die dir eine Menge Freude und Wärme schenken können. Und dein Hund ist der beste von allen!

Noch mehr Hunde

Filmtipps

Behütet (2020): Doku-Film über ein Tierheim

Togo - der Schlittenhund (2019): Film nach einer wahren Geschichte

Das geheime Leben unserer Hunde (2016): Doku-Film über Hunde

Hachiko – eine wunderbare Freundschaft (2009): Film nach einer wahren Geschichte

Buchtipps

Sandra Bruns: *Das Hundebuch für Kids*, Kosmos Verlag, Stuttgart 2020

Alison Davies, Hanna Melin: *Be more dog – Was wir von Hunden lernen können*, Gerstenberg Verlag, Hildesheim 2021

Christine Paxmann: *Was ist Was Hunde – Helden auf vier Pfoten*, Tessloff Verlag, Nürnberg 2013

Lena Zeise: *Balto & Togo*, Gerstenberg Verlag, Hildesheim 2021

Webtipps

www.herz-fuer-tiere.de/haustiere/hunde

www.petakids.de

www.tierischehelden.de/hunde/

Rezept für Hundekekse

Zutaten (für 20 Kekse)

1 reife Banane
1 Karotte
1 EL Kokosöl
50 Gramm Leberwurst
160 Gramm Dinkelmehl

Zubereitung

- Backofen auf 200 Grad Ober- und Unterhitze vorheizen.
- Ein Backblech mit Backpapier belegen.
- Für die Knochen Banane mit einer Gabel zu Mus zerdrücken. Karotte fein raspeln und zugeben. Flüssiges Kokosöl, Leberwurst und Mehl zugeben und zu einem glatten Teig kneten.
- Teig auf einer bemehlten Arbeitsfläche ausrollen und mit einem Knochenausstecher ausstechen. Keks auf das Backblech legen und 18 Minuten backen.
- Komplett erkalten und aushärten lassen. Luftdicht verpackt lagern.

Fachlich betreut haben dieses Buch:

Anton Wolkow
Hundeverhaltensforscher

Katja Bakro
Influencerin und Hundefan

Pawel Totschilowski
Tierarzt

Titel der Originalausgabe: *Твоя собака (Dein Hund)*
Translation rights arranged through Syllabes Agency, France

1. Auflage 2024

Aus dem Russischen von Lorenz Hoffmann, Markkleeberg
Der Gerstenberg Verlag dankt Laura Balzhäuser, Veterinärmedizinerin, Justus-Liebig-Universität Gießen, und Kerstin Heitmüller, Hundetrainerin, für die fachliche Durchsicht.
Druck und Bindung: TBB, a. s., Banská Bystrica
Printed in the Slovak Republic
ISBN 978-3-8369-6222-3